Berlin um 1900

Berlin um 1900

Herausgegeben von Richard Schneider

in Verbindung mit dem Brandenburgischen
Landesamt für Denkmalpflege und
Archäologischen Landesmuseum

nicolai

INHALT
CONTENTS

7   Einführung

11   *Introduction*

15   Photographien
      Photographs

153   Bildkommentare

171   *Picture Commentaries*

181   Die Königlich Preußische Messbildanstalt

185   *The Royal Prussian Photogrammetric Institute*

EINFÜHRUNG

Als am 1. Januar 1900 Berlin das neue, das 20. Jahrhundert begrüßte, da konnten die Menschen auf eine Friedensperiode zurückschauen, die schon dreißig Jahre währte, und bis zum Beginn des Ersten Weltkriegs sollten noch weitere vierzehn Jahre folgen. Die »Berliner Illustrirte« legte ihren Lesern zum Jahreswechsel 27 Fragen vor, und eine davon lautete, welches Ereignis für Berlin in den vergangenen hundert Jahren das wichtigste gewesen sei. Eine übergroße Mehrheit antwortete: die Erhebung Berlins zur Reichshauptstadt, 1871. Dieses Berlin mit seinen insgesamt 23 Vororten war im 19. Jahrhundert zur größten deutschen Industriestadt aufgestiegen. Ein »Monumentalplan« zeigte die Stadt im Jahre 1900 von Westen aus: das Brandenburger Tor und die Straße Unter den Linden, den mächtigen Block des Schlosses mit der Kuppel über dem Hauptportal, den neuen Berliner Dom und die Bauwerke der Museumsinsel, die Stadtbahnstrecke und die Spree mit ihren vielen Brücken und am Horizont im Osten riesige Wohnquartiere und zahllose qualmende Schornsteine. Kaiser Wilhelm II. hatte für das neue Jahrhundert die Parole ausgegeben: »Mit Volldampf voraus!« Und die »Berliner Neueste Nachrichten« formulierten den Anspruch der Reichshauptstadt so: »Immer stärker fordert die neue ruhmreiche Geschichte Deutschlands in Berlin ihr Recht. Der wirtschaftliche Aufschwung baute am raschesten, der nationale und politische gesellt den großartigen Schmuck und die imponierende Krönung hinzu. Um die alten Gedenkbauten preußischer Geschichte schließen sich konzentrisch, in weiterem Kreise und in höher strebender Tendenz die Monumente reichsdeutscher Herrlichkeit.«

Mächtige Repräsentationsbauten sollten Berlin zur »schönsten Stadt der Welt« machen, doch es war gerade der Hang zum Monumentalen, der dieses Berlin vielen als parvenuehaft erscheinen ließ, unter den anderen europäischen Hauptstädten ein Emporkömmling. Der Kunstkritiker Max Osborn meinte, dass sich die Großstadtbildung in Städten wie Paris, Rom oder Wien nicht mit solcher Ellbogengewalt vollzogen habe wie in Berlin, das in weiten Teilen den »Eindruck des Unreifen und des Zerrissenen« biete. Wie keine andere Stadt in Deutschland war Berlin einem ständigen Veränderungsprozess unterworfen, aus vermeintlichem Zwang oder neuerungssüchtigem Mutwillen. Dem Besucher drängten sich widersprüchliche Eindrücke auf, er schwankte zwischen Bewunderung und Abneigung, er sah das beängstigend schnell wachsende Berlin und er bemerkte die mangelnde Selbstgewissheit seiner Bewohner. Zu Beginn des 20. Jahrhunderts besuchte der französische Reiseschriftsteller Jules Huret die deutsche Hauptstadt. Huret, der das Leben in Berlin nicht ohne Wohlwollen schildert und vor allem die »musterhafte Ordnung in allen Dingen« rühmt, kommt zu dem Schluss: »Was mich persönlich betrifft, so habe ich meine Ansicht über die charakteristischen Merkmale Berlins mehrmals geändert. Und schließlich bin ich zu der Erkenntnis gekommen, dass dieses Charakteristikum, nach dem ich so lange suchte, gerade darin besteht, dass es überhaupt keines gibt.«

Was vielen Besuchern der Stadt auffiel, waren der nüchterne Witz und der aufs Praktische gerichtete Realitätssinn des Berliners. Wie in keiner anderen deutschen Stadt war man hier allem Neuen gegenüber aufgeschlossen, man wollte absolut modern sein. Man interessierte sich für die Gegenwart, nicht für die Vergangenheit. Und doch war man – merkwürdig genug – hinsichtlich der Rolle Berlins voller Selbstzweifel. Eine Berliner Zeitung hatte bereits 1865 in einer Artikelserie die Frage gestellt: »Ist Berlin wirklich schon eine Weltstadt oder soll es dies erst werden?« Schon dass man diese Frage immer wieder aufwarf, auch in den Jahrzehnten nach der Reichsgründung, zeigt das große Maß an Unsicherheit, doch war man sich einig darin, dass vor allem herausragende

Leistungen in Architektur und Städtebau die Merkmale einer »wirklichen« Weltstadt seien.

Seit 1905 betrieben die Berliner Architektenvereinigungen einen »Wettbewerb Groß-Berlin«, über den im Jahre 1910 entschieden wurde. Ziel des Wettbewerbs war es, für Berlin eine neue Stadtstruktur zu finden, welche die Entwicklung zu einer Weltstadt mit 10 Millionen Einwohnern ermöglichen sollte. So nahm es nicht Wunder, dass die meisten der eingesandten Beiträge eine Monumentalisierung der Stadt mit gewaltigen Achsen und Freiflächen vorsahen, ohne Rücksicht auf die historisch gewachsenen Quartiere. Einer der beiden ersten Preisträger, Hermann Jansen, forderte großzügige Straßendurchbrüche, dazu geeignet, »wieder Vernunft und Geschmack in den Riesenkörper der künftigen Weltstadt« zu bringen. Jansen veröffentlichte seine Vorschläge unter dem – nicht zutreffenden – Kennwort »In den Grenzen der Möglichkeit«.

Zu denen, die im Berlin des beginnenden 20. Jahrhunderts die »Impressionen großer Möglichkeiten« emporsteigen sahen, gehörte auch der Kulturkritiker Karl Scheffler. Er träumte von einem »rücksichtslosen Tatmenschen«, dem die Freiheit eingeräumt wäre, »ungeheure Durchbrüche zu bewerkstelligen, umfassende Flussregulierungen vorzunehmen, führende Linien durch das schematische Straßengewirr zu ziehen, halb Berlin und das meiste in den Vororten niederzureißen und von kapitalkräftigen Baugesellschaften unter strenger Aufsicht die hässliche neue Großstadt als eine schöne neue Großstadt wieder aufzubauen«.

Weniger als drei Jahrzehnte später war dieser Mann gefunden. Am 30. Januar 1937, dem vierten Jahrestag der Machtübernahme durch die Nationalsozialisten, verkündete das Reichsgesetzblatt die Einsetzung eines »Generalbauinspektors für die Reichshauptstadt«. Dazu ernannt wurde ein junge Architekt namens Albert Speer, vom »Führer« mit der »planvollen Gestaltung des Stadtbildes« beauftragt und mit umfassenden Befugnissen ausgestattet. Die Neugestaltungsmaßnahmen begannen mit der systematischen Zerstörung von Vorhandenem, was den Verlust wertvoller historischer Bausubstanz bedeutete. Kernstück der Planungen war der Ausbau der Ost-West-Achse und die Anlage einer gigantischen Nord-Süd-Achse mit Großer Halle und Triumphbogen. Die Achse selbst – ihrer Bestimmung nach weniger Straße als vielmehr Aufmarschfläche – sollte mit Bauten für Staat und Partei gesäumt werden: Architektur als steinerne Kulisse eines öffentlichen Raumes, den man für die Inszenierung des eigenen Herrschaftsanspruchs und für die Feiern der zu erwartenden Siege brauchte. Bis zum Jahre 1950, so hatte es Hitler bestimmt, sollte die Neugestaltung Berlins, der zukünftigen »Welthauptstadt Germania«, vollendet sein.

Dass es anders kam, ist bekannt. Als das »Tausendjährige Reich« nach zwölf Jahren zusammenbricht, ist Berlin eine Trümmerwüste. Die Stadt, von der aus man soeben noch die Weltherrschaft angestrebt hat, wird von einer beispiellosen Geschichtsvergessenheit ergriffen. Man glaubt, man könne mit einer »Stunde Null« ganz von vorne beginnen. Im Mai 1945 bekommt das politisch noch ungeteilte Berlin einen neuen Stadtbaurat: Hans Scharoun. Er formuliert seine Grundgedanken für die Neuordnung Berlins so: »Was blieb, nachdem Bombenangriffe und Endkampf eine mechanische Auflockerung vollzogen, gibt uns die Möglichkeit, eine ›Stadtlandschaft‹ daraus zu gestalten. Die Stadtlandschaft ist ein Gestaltungsprinzip, um der Großsiedlungen Herr zu werden. Durch sie ist es möglich, Unüberschaubares, Maßstabloses in übersehbare und maßvolle Teile aufzugliedern und diese Teile so zueinander zu ordnen, wie Wald, Wiese, Berg und See in einer schönen Landschaft zusammenwirken.«

Was darunter zu verstehen ist, zeigt eine Ausstellung, die am 22. August 1946 im Weißen Saal des stark zerstörten, aber in Teilen keineswegs unbenutzbaren Stadtschlosses eröffnet wird. Das Planungskollektiv, dem Scharoun angehört, erteilt der gewachsenen städtischen Struktur eine radikale Absage. Der »Kollektivplan« besteht im Wesentlichen aus Schnellverkehrsstraßen parallel zur Spree, dem leicht bogenförmig verlaufenden Urstromtal folgend. Durch Querverbindungen ergibt sich ein System weitgehend homogener Stadtviertel, gedacht für jeweils etwa 80 000 Menschen. Die Stadt als lebendigen Organismus mit Straßen und Plätzen, unverwechselbaren Wohnquartieren und einer Mischung der verschiedensten Lebensbereiche sollte es nicht mehr geben.

Berlin wurde dann doch nicht abgeschafft, aber man veränderte sein Gesicht, stellenweise bis zur Unkenntlichkeit. Auf großen Schildern las man: »Abriss für den Wiederaufbau«. In seinem 1958 erschienenen Buch »Berlin – Schicksal einer Weltstadt« schrieb Walther Kiaulehn: »Zwei Ursachen haben Berlin zerstört: Bomben im Krieg und Mutwillen im Frieden!« Seltsam, dass man die Stadtzerstörung auch noch als Fortschritt feierte. Nicht nur öffentliche Gebäude wurden niedergelegt, man vernichtete auch große Teile des historischen Straßennetzes – und damit das Langzeitgedächtnis der Stadt. Schon der Kollektivplan hatte den überkommenen Stadtgrundriss außer Acht gelassen, sogar vorgesehen, den Straßenzug Unter den Linden aufzuheben. Auch die alte Potsdamer Straße, Teil der Reichsstraße 1, wurde in ihrem Herzstück beseitigt – nicht nur auf dem Papier, sondern tatsächlich. Später stellte Scharoun seine monströse Staatsbibliothek genau auf die Achse dieser Straße. Gleichzeitig, Ende der sechziger Jahre, wurde Alt-Cölln niedergelegt, um dort 22geschossige Wohnhochhäuser zu errichten. Der Publizist Wolf Jobst Siedler befand: »Fremd dem geographischen Raum und dem periodischen Fluss der Zeit treten die Betonlandschaften vor die Augen der Enkel.«

Trotz der seit 1948 bestehenden politischen Teilung der Stadt hielt man bis zum Bau der Mauer 1961 und noch darüber hinaus an gesamtstädtischen Planungen fest. 1957 wurde in West-Berlin der Wettbewerb »Hauptstadt Berlin« ausgeschrieben. Die Teilnehmer hatten in ihren Entwürfen, ungeachtet der politischen Realität, von Berlin als Hauptstadt eines wiedervereinigten Deutschland auszugehen. Demzufolge war für die Planung der Bereich vom S-Bahnhof Tiergarten im Westen bis zum Alexanderplatz im Osten vorgegeben. Schon ein Jahr später, 1958, reagierte Ost-Berlin mit einem »Ideenwettbewerb zur sozialistischen Umgestaltung des Zentrums der Hauptstadt der Deutschen Demokratischen Republik«. In der Ausschreibung dazu wurden die unbedingt zu erhaltenden bzw. wiederherzustellenden Bauwerke genannt, darunter Opernhaus und Alte Bibliothek, Kronprinzenpalais und Prinzessinnenpalais, Knoblauchhaus und Ribbeckhaus, Marienkirche und Nikolaikirche sowie die Bauten der Museumsinsel. Als »bedingt« erhaltenswert wurden u. a. aufgeführt: Berliner Dom und Bauakademie, Petrikirche und Garnisonkirche, Ermelerhaus und Nicolaihaus. Auf einer entsprechenden Liste des West-Berliner Wettbewerbs wurde die Erhaltung des Berliner Doms nicht einmal als wünschenswert bezeichnet.

Das Berliner Schloss erschien zu diesem Zeitpunkt auf keiner Liste. Für die »sozialistische Umgestaltung des Zentrums« und die dafür benötigten Freiflächen war es schon Jahre zuvor beseitigt worden. Noch bis 1948 hatten in dem großen und einst prachtvollen Weißen Saal des Schlosses, dessen Nordwestecke nur wenig beschädigt war, wichtige und publikumswirksame Ausstellungen stattgefunden: »Berlin plant« im August, »Moderne französische Malerei« im Oktober und »Wiedersehen mit Museumsgut« im Dezember 1946. Am 18. März 1948 wurde eine große Gedenkausstellung an die Revolution von 1848 eröffnet. Die Entscheidung für den Abriss des Schlosses fiel im Frühjahr 1950. Der angesehene Kunsthistoriker Richard Hamann überreichte DDR-Ministerpräsident Otto Grothewohl noch eine Denkschrift für die Rettung des einzigartigen Bauwerks. In bewegenden Worten wies Hamann darauf hin, dass jede Regierung den Bau mit neuem Leben füllen könnte: »Ihrer Kraft bewußte Regierungen wissen, welche Kraftquellen auch die großen Werke der Vergangenheit enthalten können. Warum sich für spätere Zeiten dem Vorwurf der Barbarei aussetzen, wenn Kultur und Pflege alles Geistigen an Stelle von Machtäußerungen das höchste Anliegen der siegreichen Revolution ist?«

Die Frage fand keine Antwort, der Appell des Einzelnen stieß auf taube Ohren. Die kommunistischen Machthaber, an ihrer Spitze Walter Ulbricht, ließen in ihrem Hass auf die Hohenzollernresidenz und alles Preußische das Schloss sprengen. Das geschah in der Zeit vom 7. September bis zum 30. Dezember 1950. Die Abräumung der Trümmer war bis zum 31. März 1951 »planmäßig« beendet. Kiaulehn schrieb später: »Man riss der Stadt, die aus tausend Wunden blutete, auch noch das Herz aus der Brust und setzte ihr als Ersatz dafür eine kolossale Tribüne aus Beton ein.«

Das im Westen gelegene Schloss Charlottenburg, ebenfalls stark zerstört, wurde hingegen wieder aufgebaut. Nicht weil hier die Einsicht bei den politisch Verantwortlichen größer gewesen wäre, sondern weil öffentliche Proteste den vorgesehenen Abbruch verhinderten. Es war vor allem das couragierte Auftreten von Margarete Kühn, Direktorin der Berliner Schlösserverwaltung, die das Schloss vor der endgültigen Vernichtung rettete und in den fünfziger Jahren den Wiederaufbau vorantrieb. Bereits 1953 und 1957, zu den Jubiläen des Baumeisters von Knobelsdorff und des Malers Antoine Pesne, wurden in Charlottenburg Ausstellungen über deren Wirken gezeigt.

Die Nichtachtung der Vergangenheit und die Sucht, sie auszulöschen, waren in beiden Teilen der Stadt gleich groß. Man organisierte einen wahren »Vernichtungsfeldzug«, der sich vorzugsweise gegen die Bauwerke der Kaiserzeit richtete. Keiner der großen Kopfbahnhöfe entging der endgültigen Zerstörung. Die Sprengung des Anhalter Bahnhofs, von dem aus noch bis Mai 1952 Züge abgefahren waren, zog sich über viele Monate hin, vom August 1960 bis Februar 1961. Proteste gegen die Sprengung wurden von den Behörden zurückgewiesen. Selbst die Denkmalpflege machte mit. In einem Gutachten urteilte sie über dieses heute als große Ingenieurleistung anerkannte Bauwerk: »Der Anhalter Bahnhof kann nicht als ein überzeugender künstlerisch wertvoller oder neue Wege weisender Bahnhofsbau des vorigen Jahrhunderts angesprochen werden.« Was die Bomben des Krieges nicht vermocht hatten, wurde nun vom Amt für Abräumung besorgt. Das letzte Blatt der Bauakte erhielt nach dem Vermerk »Gelände ist planiert« den Stempelaufdruck: »Es ist nichts mehr zu veranlassen.«

Die Abrisswut der fünfziger und sechziger Jahre bewirkte in ehemals zentralen Bereichen einen vollständigen Raumverlust. Und der Bau der Mauer mit ihren breiten Sperranlagen ließ von Norden nach Süden mitten durch die Stadt eine »innere Peripherie« entstehen, sodass die beiden Stadthälften auseinander rückten. Im weiteren Bereich des einstigen Schlosses bildete sich das eigentliche Machtzentrum der DDR. Das Zentralkomitee der SED nahm das ehemalige Reichsbankgebäude in Besitz. An der Südseite des Marx-Engels-Platzes entstand das Staatsratsgebäude, und westlich des Platzes errichtete man das Außenministerium. Als letzte der staatlichen Institutionen zog die DDR-Volkskammer an den Marx-Engels-Platz, in den 1976 eröffneten Palast der Republik. Hier beschlossen die Mitglieder am 23. August 1990, neun Monate nach dem Fall der Mauer, den Beitritt der DDR zur Bundesrepublik Deutschland. Am 20. Juni 1991 entschied dann der Bundestag in Bonn, dass Berlin wieder deutsche Hauptstadt mit Sitz von Parlament und Regierung sein solle.

Der Umzugsbeschluss löste »Neugestaltungsmaßnahmen« aus, die in ihrer Konsequenz eine weitere Stadtzerstörung bedeutet hätten. Die »Flut des Mutwillens« erfasste zunächst den Palast der Republik, das Staatsratsgebäude, das Reichsbankgebäude, das ehemalige Reichsluftfahrtministerium sowie das Außenministerium der DDR. Letzteres wurde dann tatsächlich abgebrochen. Gegenstimmen gab es nicht, eher eine breite Zustimmung, da der Bau als im Stadtbild störend empfunden wurde. Schon zuvor hatte es den Vorschlag gegeben, an Stelle des einstigen Schlosses ein neues Außenministerium zu bauen, während man den Marx-Engels-Platz – historisch falsch – in »Schlossplatz« umbenannte. Die Ruinen des Schlosses waren 1950 gesprengt worden. Schinkels Bauakademie, vorgesehen für einen Wiederaufbau, wurde 1961 abgebrochen. Sie musste dem neuen Außenministerium Platz machen, das dann 1995 beseitigt wurde. Danach beschloss man, die Bauakademie am alten Standort zu rekonstruieren. Und auch das Schloss soll – nach dem Willen der Politiker und eines privaten Vereins – wieder aufgebaut werden, obwohl eine solche Rekonstruktion mehr als zweifelhaft wäre, fragwürdig aus politischen und historischen Gründen, unsinnig aus der Sicht der Denkmalpflege.

Berlin ist eine Stadt ohne traditionsbewusstes Bürgertum, ein Ort, wo sich – wie schon Heinrich Heine befand – viele Menschen versammeln, »denen der Ort ganz gleichgültig ist«. Und der Schriftsteller Wilhelm Hausenstein schrieb 1932, darin dem Franzosen Jules Huret nahe kommend: »Vielleicht ist das Voraussetzungslose in der Berliner Sinnesart die einzige Voraussetzung Berlins.« So wie die Stadt in keiner Geschichte wurzelt, so ist die Traditionslosigkeit ein Merkmal ihrer Bewohner, denen es aber gleichzeitig – wie schon vor hundert Jahren – an Selbstgewissheit mangelt. Die Berliner Politiker setzten eine Kommission ein, die herausfinden sollte, was die »wirkliche« Rolle der Stadt im 21. Jahrhundert sein könnte. Als ob es für Berlin nicht eine genügend große Aufgabe wäre, Hauptstadt zu sein! Hauptstadt eines wiedervereinigten Deutschland – ganz gleich, ob diese Funktion nun in der Verfassung festgeschrieben ist oder nicht.

INTRODUCTION

When Berlin welcomed the new, 20th century on 1 January 1900, people could look back on a period of peace that had already lasted for thirty years, and another fourteen years were to follow until the beginning of the First World War. The "Berliner Illustrirte" presented its readers with 27 questions for the turn of the year. One of them asked what has been the most significant event for Berlin in the last hundred years. An overwhelming majority answered: Berlin's elevation to the status of imperial capital in 1871. This Berlin with its 23 suburbs had also risen to be Germany's largest industrial city in the 19th century. A "Monumental Plan" showed the city from the west in the year 1900: the Brandenburg Gate and *Unter den Linden*, the massive block that was the *Schloss*, with a dome over its main portal, the new Berlin Cathedral and the buildings on the Museum Island, the elevated *Stadtbahn* railway and the River Spree with its many bridges, then on the horizon enormous residential quarters and countless belching chimneys. Kaiser Wilhelm II had provided a motto for the new century: "Full steam ahead!"

Mighty and prestigious buildings were to make Berlin the "most beautiful city in the world", but it was precisely this weakness for the monumental that made many people feel this Berlin had something of the parvenu about it, an upstart among the other European capitals. Berlin had been through more fundamental changes than any other city in Germany, supposedly as the result of an irresistible urge, or through being wilfully addicted to innovation. Visitors were overwhelmed with contradictory impressions, unsure whether to admire or to be repelled. They could see that Berlin was growing at a frightening speed, and noticed its inhabitants' lack of self-confidence. Jules Huret, the French writer, visited the German capital early in the 20th century. Huret's account of life in Berlin was not without a certain benevolence. He came to this conclusion: "As far as I am personally concerned, I have changed my views about Berlin's characteristic features a number of times. And I have finally come to realize that the characteristic I have been seeking for so long is precisely that there isn't one."

Something that struck many visitors to the city was the Berliners' dry wit and practical sense of reality, which was difficult to place in terms of their descent. Berlin was more open to new things than any other German city, its people wanted to be absolutely modern. They were interested in the present, not the past. And yet – remarkably enough – they were full of self-doubt about the role of Berlin. One Berlin newspaper had asked the question: "Is Berlin really cosmopolitan now, or is that still to come?" in a series of articles as early as 1865. The very fact that the question kept cropping up, even in the decades after the founding of the Empire, shows the degree of uncertainty, but everyone did agree that achievements in architecture and town planning in particular were the signs of a "real" world-class city.

The Berlin architectural associations had been running a "Greater Berlin Competition" since 1905, and a decision was taken about this in 1910. The aim of the competition was to find a new urban structure for Berlin that would enable it to develop into a cosmopolitan city of 10 million inhabitants. So it was not surprising that most of the entries sought to monumentalize the city, with massive axes and open space, ignoring the quarters that had matured historically.

The cultural historian Karl Scheffler was among the people who saw "impressions of great possibilities" arising in Berlin in the early 20th century. He dreamt a "ruthless man of action" who would be accorded the freedom "to open up enormous thoroughfares, undertake comprehensive regulation of rivers, draw guiding lines through the schematic tangle of streets, tear down half of Berlin, most of that in the suburbs, and commission financially strong building companies, under strict supervision, to re-build the ugly new metropolis as a beautiful new metropolis".

Less than three decades later, this man had been found. On 30 January 1937, the fourth anniversary of the National Socialists' seizure of power, the German Law Gazette announced the appointment of a "Building Inspector-General for the Reich capital". The post went to a young architect called Albert Speer. The "Führer" commissioned him to produce a "systematic design for the city", and accorded him sweeping powers. The new design measures started with the systematic destruction of the existing city, which meant the loss of valuable building stock. The core of the plan was the extension of the east-west axis and the creation of a gigantic north-south axis with a Great Hall and Triumphal Arch. Hitler had decreed that the new design for Berlin, the future "World Capital Germania" was to be completed by 1950.

We know that things turned out differently. When the "Tausendjähriges Reich" collapsed after twelve years, Berlin was a rubble desert. The city from which the world was to have been ruled was seized by unparalleled historical oblivion. It was believed that nothing could be assumed if the city was to survive, and that it was possible to start again from the beginning with a "Stunde Null" – zero hour. In May 1945 Berlin, as yet not divided politically, acquired a new municipal architect: Hans Scharoun. He formulated his basic ideas for the new Berlin like this: "What remains, after air raids and the final battle cleared the field mechanically, gives us the chance to create an 'urban landscape'."

What he meant by this is shown in an exhibition that opened on 22 August 1946 in the White Room of the Berlin Schloss, which was badly damaged, but in parts by no means completely unserviceable. The planning collective, of which Hans Scharoun was a member, radically rejected the naturally evolved urban structure. The "Collective Plan" consists essentially of expressways parallel with the River Spree. Lateral connections create a system of largely homogeneous urban quarters, each intended for about 80.000 people. The city as a living organism with streets and squares, characterful residential areas and a widely varied mixture of uses would no longer exist. And then Berlin was not abolished, but its face was changed, in some places to the point where it was no longer recognizable. Large signs announced the unimaginable: "Demolition for rebuilding". In his 1958 book "Berlin – Schicksal einer Weltstadt" ("Berlin – Fate of a Great City"), Walther Kiaulehn wrote: "Two things destroyed Berlin: bombs in wartime and wilfulness in peacetime!" It is strange that destroying the city was actually celebrated as progress. It was not just public buildings and individual streets that were pulled down, large sections of the historical street network were also obliterated – and with them the city's long-term memory. Despite the political division of the city from 1948, plans for Berlin as a whole were kept to until the Wall was built in 1961, and even after that. The "Capital City Berlin" competition was announced in West Berlin in 1957. Regardless of political reality, participants had to work on the basis that Berlin would be capital of a reunited Germany. As a consequence of this, plans were to be made for the area extending from the Tiergarten S-Bahn station in the west to Alexanderplatz in the east. Just a year later, in 1958, East Berlin responded with a "Competition for the socialist redesign of the centre of the capital of the German Democratic Republic". The brief named the buildings that absolutely had to be retained or rebuilt.

But the Berlin Schloss did not feature on any of these lists. It had been removed years before for the "socialist redesign of the centre", to provide the necessary space. Major exhibitions that had made a great impact on the public had been held in the large and once magnificent White Room of the *Schloss*, whose north-west corner was only slightly damaged, until as late as 1948. The decision to demolish the *Schloss* was made early in 1950. The respected art historian Richard Hamann handed a memo relating to the rescue of this unique building to the DDR premier Otto Grothewohl. Hamann pointed out, in moving words, that any government could fill the building with new life, but that once the *Schloss* was torn out of the city centre it would create a gap that could not be filled: "The whole of old Berlin would collapse with it."

This individual appeal fell on deaf ears. The communist rulers, with Walter Ulbricht at their head, had the *Schloss* blown up in their hatred of the Hohenzollern residence and everything Prussian. This happened from 7 September to 30 December 1950. The rubble was finally cleared "according to plan" by 31 March 1951. Kiaulehn wrote later: "The city was bleeding from a thousand wounds, and yet they tore the heart out of its breast and replaced it with a colossal concrete grandstand."

Schloss Charlottenburg, in West Berlin, was also badly damaged, but it was rebuilt. Not because the politicians in power here had greater insight, but because public protests prevented the intended demolition. It was above all the courageous intervention by Margarete Kühn, director of Berlin Schloss Adminstration, who rescued *Schloss Charlottenburg* from annihilation and drove the rebuilding process forward in the fifties.

Both parts of the city were equally guilty of ignoring the past and trying to wipe it out. A veritable "annihilation campaign" was organized, preferably directed – remarkably enough in the West as well – at buildings of the Wilhelminian period. None of the great terminus stations escaped destruction. Blowing up the Anhalt Station, which trains had used until May 1952, extended over many months, from August 1960 to February 1961. The authorities rejected protests against this demolition. Even the monument preservation department went along with it. Its judgement on this building, which is now acknowledged as a major engineering achievement: "The Anhalt Station cannot be addressed as a convincing, artistically valuable station dating from the last century, nor as one that broke new ground."

Demolition fever in the fifties and sixties brought about a complete loss of space in what had been the central areas. And the building of the Wall with its broad complexes to be cordoned off created an "inner periphery" running north-south through the city centre, pushing the two halves of the city apart. The actual power centre of the GDR formed on the substantial terrain formerly occupied by the *Schloss*. The State Council building went up on the south side of Marx-Engels-Platz, and the Foreign Ministry was built to the west of the square. Then the GDR *Volkskammer* was the last state institution to move into Marx-Engels-Platz, accommodated in the *Palast der Republik*, which opened in 1976. Here, on 23 August 1990, nine months after the Wall fell, members resolved that the GDR would join the German Federal Republic. Then, on 20 June 1991, the Bonn parliament decided that Berlin should be the German capital again, and the seat of parliament and government.

The decision to move triggered "new design measures" that would have meant further destruction of the city had they been carried out. The "tide of wilfulness" at first included the *Palast der Republik*, the State Council building, the Reichsbank building, the former Reich Air Ministry and the GDR Foreign Ministry. The latter was then actually demolished. No voices were raised against this, in fact their was broad agreement, as it was felt that the building was a disturbing presence in the cityscape.

The ruins of the Berlin Schloss had been blown up in 1950. Schinkel's *Bauakademie* was scheduled for rebuilding but fell to the pickaxe in 1961. It had to make room for the new Foreign Ministry, which was then demolished in 1995. After that, a decision was taken to rebuilt the *Bauakademie* on its old site. And the *Schloss* was to be rebuilt as well – according to the will of the politicians and of a private association, even though a reconstruction of this kind would be more than dubious, questionable for historical and political reason, meaningless from the point of view of monument preservation. Architecture critic Wolfgang Pehnt: "A generation that reconstructs what comes into its mind also removes what it in its way."

Berlin is a city without citizens who are aware of tradition, a place where – as Heinrich Heine observed – a lot of people come together "who are quite indifferent to the place". And the writer Wilhelm Hausenstein wrote in 1932, much in the spirit of the Frenchman Jules Huret: "Perhaps the only thing that can be assumed in Berlin is the lack of assumptions in the Berliner's disposition." Just as the city has no roots in history, the lack of tradition is a characteristic feature of its inhabitants, who at the same time – just as they were a hundred years ago – are lacking in self-confidence. Berlin politicians appointed a commission to find out what the city's "real" role could be in the 21st century. As though being the capital was not a big enough task for Berlin! Capital of a reunited Germany – no matter whether this function is set down in the constitution or not.

Blick auf das Berliner Schloss, 1913
View of the Berlin Schloss, 1913

Die Lustgartenfront mit Portal IV, 1916
The Lustgarten façade with Portal IV, 1916

Der Westflügel des Schlosses mit Portal III, 1916
The west wing of the Schloss with Portal III, 1916

Der Weiße Saal im Schloss, 1916
The White Room in the Schloss, 1916

Die Weiße-Saal-Treppe im Schloss, 1916
The White Room Staircase in the Schloss, 1916

Das Schlüterportal im Kleinen Schlosshof, 1916
The Schlüter Portal in the Small Schloss courtyard, 1916

Die Wendeltreppe im Großen Treppenhaus, 1916
The Spiral Staircase in the Great Stairwell, 1916

Deckengemälde im Großen Treppenhaus, 1916
Ceiling painting in the Great Stairwell, 1916

Nationaldenkmal für Kaiser Wilhelm I., 1910
National monument for Kaiser Wilhelm I, 1910

Der Alte Dom am Lustgarten, 1892
The Old Cathedral by the Lustgarten, 1892

Das Innere des Alten Doms, 1892
Inside the Old Cathedral, 1892

Der Berliner Dom am Lustgarten, 1905
The Berlin Cathedral by the Lustgarten, 1905

Das Dominnere mit Orgel und Kanzel, 1905
Cathedral interior with organ and pulpit, 1905

Schlossbrücke und Berliner Dom, *1919*
Schlossbrücke and Berlin Cathedral, 1919

Skulpturengruppe auf der Schlossbrücke, 1919
Sculpture group on the Schlossbrücke, 1919

Die Rotunde des Alten Museums, 1911
The Rotunda in the Old Museum, 1911

Das Alte Museum am Lustgarten, 1911
The Old Museum by the Lustgarten, 1911

Ausstellungssaal im Alten Museum, 1911
Exhibition gallery in the Old Museum, 1911

Bogengang zwischen Altem und Neuem Museum, 1920
Arcade between the Old and the New Museum, 1920

Neues Museum und Altes Museum, 1911
The New Museum and the Old Museum, 1911

Das Treppenhaus des Neuen Museums, 1920
The staircase in the New Museum, 1920

Ägyptischer Säulenhof im Neuen Museum, 1920
Egyptian colonnade in the New Museum, 1920

Römischer Kuppelsaal im Neuen Museum, 1920
Roman Domed Gallery in the New Museum, 1920

Die Nationalgalerie auf der Museumsinsel, 1886
The National Gallery on Museum Island, 1886

Treppenanlage vor der Nationalgalerie, 1916
Steps outside the National Gallery, 1916

Der Zweite Corneliussaal in der Nationalgalerie, 1916
The Second Cornelius Room in the National Gallery, 1916

Der Menzelsaal in der Nationalgalerie, 1916
The Menzel Room in the National Gallery, 1916

Große Kuppelhalle des Kaiser-Friedrich-Museums, 1917
Great Domed Hall in the Kaiser-Friedrich-Museum, 1917

Das Kaiser-Friedrich-Museum auf der Museumsinsel, 1917
The Kaiser-Friedrich-Museum on Museum Island, 1917

Der Rubenssaal im Kaiser-Friedrich-Museum, 1917
The Rubens Gallery in the Kaiser-Friedrich-Museum, 1917

Die »Basilika« im Kaiser-Friedrich-Museum, 1917
The »Basilica« in the Kaiser-Friedrich-Museum, 1917

Die Königskolonnaden am Bahnhof Alexanderplatz, 1886
The Königskolonnaden at Alexanderplatz station, 1886

Vordergebäude des Schlosses Monbijou, 1916
Front building at Schloss Monbijou, 1916

Das Alkovenzimmer im Schloss Monbijou, 1916
The Alcove Room in Schloss Monbijou, 1916

Der Große Saal im Schloss Monbijou, 1916
The Great Hall in Schloss Monbijou, 1916

Die Garnisonkirche in der Neuen Friedrichstraße, 1910
The Garrison Church in Neue Friedrichstrasse, 1910

Wohnhaus Neue Friedrichstraße 56, 1910
House in 56 Neue Friedrichstrasse, 1910

Das Innere der Heiliggeistkapelle, 1892
Inside the Chapel of the Holy Spirit, 1892

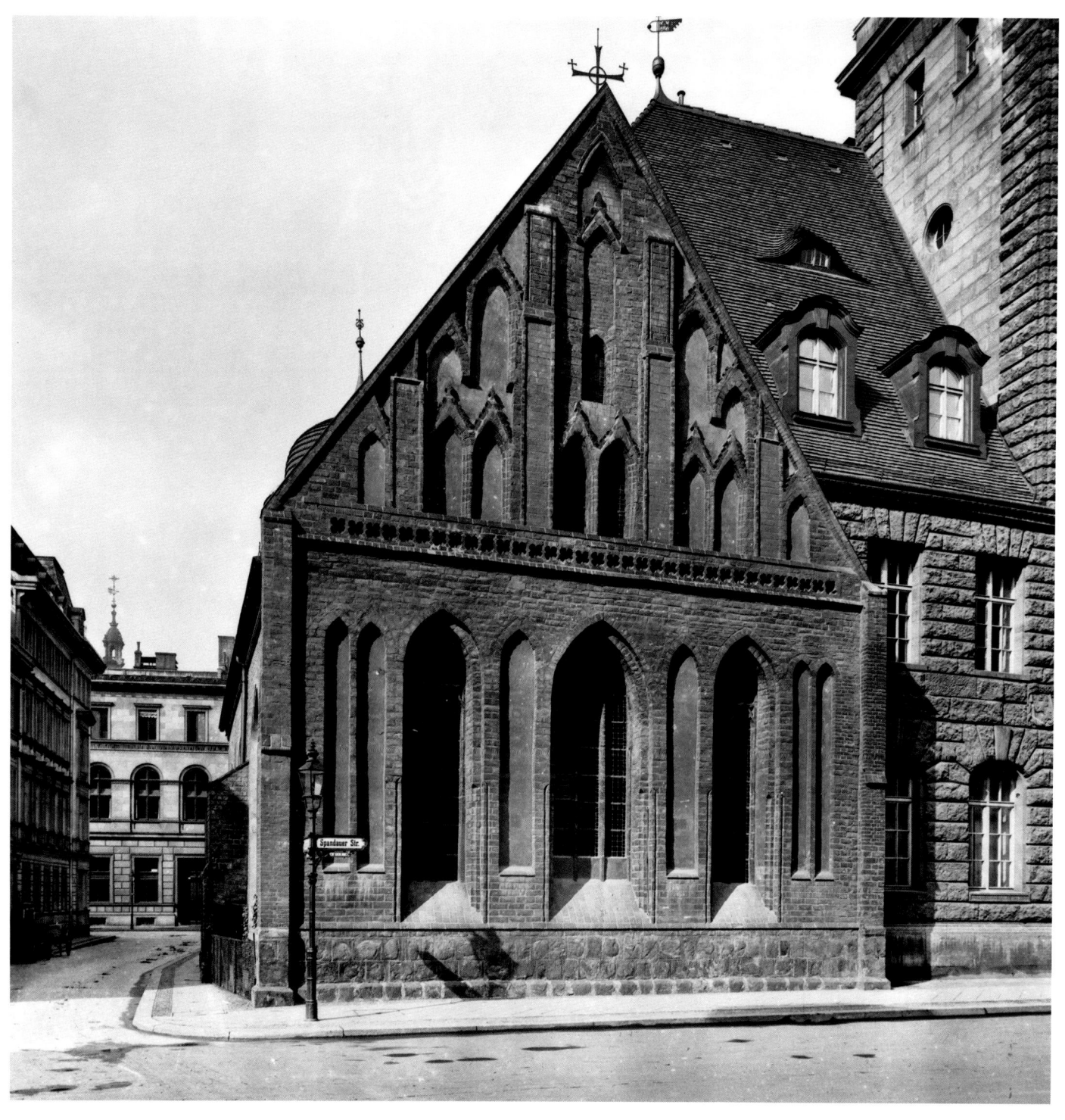

Die Heiliggeistkapelle an der Spandauer Straße, 1910
The Chapel of the Holy Spirit in Spandauer Strasse, 1910

Treppenhaus im Gebäude Heiligegeiststraße 35, 1910
Staircase in the 35 Heiligegeiststrasse building, 1910

Durchfahrt im Gebäude Heiligegeiststraße 35, 1910
Entrance to 35 Heiligegeiststrasse, 1910

Die Marienkirche auf dem Neuen Markt, 1911
St Mary's Church in the Neuer Markt, 1911

Das Innere der Marienkirche, 1919
Inside St Mary's Church, 1919

Die Westfassade der Franziskaner-Klosterkirche, 1910
The west façade of the Franciscan Monastery Church, 1910

Die Klosterkirche in der Klosterstraße, 1910
The Monastery Church in Klosterstrasse, 1910

Der Chor der Klosterkirche, 1910
The Monastery Church choir, 1910

Das Innere der Klosterkirche, 1910
Inside the Monastery Church, 1910

Saal im Kapitelhaus des Grauen Klosters, 1910
Hall in the Graues Kloster chapterhouse, 1910

Die Parochialkirche in der Klosterstraße, 1910
The Parish Church in Klosterstrasse, 1910

Der Große Jüdenhof hinter der Jüdenstraße, 1911
Grosser Jüdenhof behind Jüdenstrasse, 1911

Häuser in der Jüdenstraße, 1911
Houses in Jüdenstrasse, 1911

Wohnhäuser in der Falkoniergasse, 1910
Houses in Falkoniergasse, 1910

Das Knoblauchsche Haus in der Poststraße, 1910
The Knoblauch House in Poststrasse, 1910

Die Nikolaikirche am Nikolaikirchplatz, 1882
St Nicholas's Church in Nikolaikirchplatz, 1882

Das Innere der Nikolaikirche, 1899
Inside St Nicholas's Church, 1899

Gasthaus »Zum Nussbaum« in der Fischerstraße, 1910
»Zum Nussbaum« inn in Fischerstrasse, 1910

Die Propststraße im Nikolaikirchviertel, 1910
Propststrasse in the Nikolaikirchviertel, 1910

Die Mühlengebäude auf dem Mühlendamm, 1887
The mill buildings on Mühlendamm, 1887

Die Gasse Am Krögel an der Spree, 1910
Am Krögel alleyway by the River Spree, 1910

Wohn- und Geschäftshäuser An der Schleuse 11-13, 1919
Homes and offices at 11-13 An der Schleuse, 1919

Wohnhäuser an der Friedrichsgracht, 1910
Homes on Friedrichsgracht, 1910

Wohnhäuser in der Petristraße, 1910
Homes in Petristrasse, 1910

Raules Hof auf dem Friedrichswerder, 1910
Raules Hof on Friedrichswerder, 1910

Das Ermelerhaus, Breite Straße 11, 1910
The Ermeler House at 11 Breite Strasse, 1910

Der Festsaal im Ermelerhaus, 1910
Ballroom in the Ermeler House, 1910

Wohnhaus Brüderstraße 13, Nicolaihaus, 1910
House at 13 Brüderstrasse, Nicolai House, 1910

Treppenhaus im Gebäude Brüderstraße 13, 1910
Staircase at 13 Brüderstrasse, 1910

Wohnhaus Brüderstraße 10, »Galgenhaus«, 1910
House at 10 Brüderstrasse, »Gallows House«, 1910

Treppenhaus im Gebäude Brüderstraße 10, 1910
Staircase at 10 Brüderstrasse, 1910

Reichsbankgebäude am Hausvogteiplatz, 1903
Reichsbank extension in Hausvogteiplatz, 1903

Kassenhalle des Reichsbankgebäudes, 1903
The Main Hall of the Reichsbank extension, 1903

Der Theatersaal des Schauspielhauses, 1920
Schauspielhaus auditorium, 1920

Das Schauspielhaus auf dem Gendarmenmarkt, 1923
The Schauspielhaus in Gendarmenmarkt, 1923

Der Konzertsaal im Schauspielhaus, 1920
Concert hall in the Schauspielhaus, 1920

Das Prinz-Albrecht-Palais an der Wilhelmstraße, 1921
The Prinz-Albrecht-Palais in Wilhelmstrasse, 1921

Das Treppenhaus im Kammergericht, *1910*
Staircase in the Court of Appeal, 1910

Das Kammergericht in der Lindenstraße, 1910
The Court of Appeal in Lindenstrasse, 1910

Der Französische Dom auf dem Gendarmenmarkt, 1882
The French Cathedral in Gendarmenmarkt, 1882

Der Tanzsaal im Prinz-Albrecht-Palais, *1921*
Ballroom in the Prinz-Albrecht-Palais, 1921

Das Treppenhaus im Prinz-Albrecht-Palais, 1921
Staircase in the Prinz-Albrecht-Palais, 1921

Die Kolonnadenbauten an der Wilhelmstraße, 1921
Colonnade buildings in Wilhelmstrasse, 1921

Die Bethlehemskirche in der Mauerstraße, *1910*
The Bethlehem Church in Mauerstrasse, 1910

Das Innere der Bethlehemskirche, 1910
Inside the Bethlehem Church, 1910

Die Pfarrhäuser in der Taubenstraße, 1910
Parish houses in Taubenstrasse, 1910

Die Dreifaltigkeitskirche in der Mauerstraße, 1910
Holy Trinity Church in Mauerstrasse, 1910

Das Auswärtige Amt in der Wilhelmstraße, 1910
The Foreign Office in Wilhelmstrasse, 1910

Das Treppenhaus im Auswärtigen Amt, 1910
Staircase in the Foreign Office, 1910

Mitteleingang des Reichskanzlerpalais, 1910
Central entrance to the Reichskanzlerpalais, 1910

Das Reichskanzlerpalais in der Wilhelmstraße, *1910*
The Reichskanzlerpalais in Wilhelmstrasse, 1910

Der Festsaal im Palais Dönhoff, 1897
Ballroom in the Palais Dönhoff, 1897

Das Palais Dönhoff in der Wilhelmstraße, 1897
The Palais Dönhoff in Wilhelmstrasse, 1897

Das Hauptportal des Zeughauses, 1908
Main portal of the Zeughaus, 1908

Der Lichthof des Zeughauses, 1908
Light well in the Zeughaus, 1908

Ausstellungshalle im Erdgeschoss, 1908
Ground floor exhibition hall, 1908

Die Ostfassade des Zeughauses, *1908*
East façade of the Zeughaus, 1908

Die Bauakademie am Schinkelplatz, 1888
The Bauakademie in Schinkelplatz, 1888

Das Treppenhaus der Bauakademie, 1911
Staircase in the Bauakademie, 1911

Die Kommandantur am »Platz am Zeughaus«, 1910
The City Commander's House in the »Platz am Zeughaus«, 1910

Die Neue Wache am »Platz am Opernhaus«, 1909
The Neue Wache in the »Platz am Opernhaus«, 1909

Das Kronprinzenpalais am »Platz am Zeughaus«, 1911
The Kronprinzenpalais in the »Platz am Zeughaus«, 1911

Das Treppenhaus im Kronprinzenpalais, 1911
Staircase in the Kronprinzenpalais, 1911

Der Festsaal im Kronprinzenpalais, 1911
Ballroom in the Kronprinzenpalais, 1911

Oberwallstraße und Brückengang, 1911
Oberwallstrasse and bridge, 1911

Das Prinzessinnenpalais in der Oberwallstraße, 1910
The Prinzessinnenpalais in Oberwallstrasse, 1910

Der Mittelbau des Prinzessinnenpalais, 1910
Central building in the Prinzessinnenpalais, 1910

Die Königliche Oper auf dem Opernplatz, 1916
The Royal Opera in Opernplatz, 1916

Rückansicht des Opernhauses auf dem Opernplatz, *1916*
Rear view of the Royal Opera in Opernplatz, 1916

Der Apollosaal im Opernhaus, 1916
Apollo Room in the Opera House, 1916

Der Zuschauerraum im Opernhaus, 1916
Auditorium in the Opera House, 1916

Die katholische Hedwigskirche am Opernplatz, 1886
The Catholic St Hedwig's Church in Opernplatz, 1886

Das Innere der Hedwigskirche, 1886
Inside the St Hedwig's Church, 1886

Die Königliche Bibliothek am Opernplatz, 1909
The Royal Library in Opernplatz, 1909

Treppenhaus in der Königlichen Bibliothek, 1909
Staircase in the Royal Library, 1909

Eckpavillon der Königlichen Bibliothek, 1909
Corner pavilion of the Royal Library, 1909

Denkmal Friedrichs II. und Palais Wilhelms I., 1914
Monument to Frederick II and Wilhelm I's Palace, 1914

Tanzsaal im Palais Wilhelms I., 1919
Ballroom in Wilhelm I's Palace, 1919

Treppenhaus im Palais Wilhelms I., 1919
Staircase in Wilhelm I's Palace, 1919

Die Dorotheenstädtische Kirche in der Dorotheenstraße, 1910
The Dorotheenstadt Church in Dorotheenstrasse, 1910

Grabmal in der Dorotheenstädtischen Kirche, 1910
Tomb in the Dorotheenstadt Church, 1910

Die Villa Kamecke in der Dorotheenstraße, 1910
Villa Kamecke in Dorotheenstrasse, 1910

Festsaal des Logenhauses in der Dorotheenstraße, 1910
Ballroom in the Logenhaus in Dorotheenstrasse, 1910

Anatomisches Theater der Tierärztlichen Hochschule, 1909
Anatomical Theatre in the Veterinary College, 1909

Das Innere des Anatomischen Theaters, 1909
Inside the Anatomical Theatre, 1909

Wandbild im Schadowhaus, 1900
Mural in the Schadow House, 1900

Das Schadowhaus in der Schadowstraße, 1900
The Schadow House in Schadowstrasse, 1900

Die Quadriga auf dem Brandenburger Tor, 1906
The Quadriga on the Brandenburg Gate, 1906

Das Brandenburger Tor am Pariser Platz, 1906
The Brandenburg Gate in Pariser Platz, 1906

Das Schloss Bellevue im Tiergarten, 1920
Schloss Bellevue in the Tiergarten, 1920

Das Chinesische Zimmer im Schloss Bellevue, 1920
The Chinese Room in Schloss Bellevue, 1920

Der Tanzsaal im Schloss Bellevue, 1920
Ballroom in Schloss Bellevue, 1920

Pavillon im Schlosspark Bellevue, 1920
Pavilion in the park of Schloss Bellevue, 1920

Die Villa Borsig in Moabit, 1911
Villa Borsig in Moabit, 1911

Der Festsaal in der Villa Borsig, 1911
Ballroom in the Villa Borsig, 1911

Der Hauptbau des Schlosses Charlottenburg, 1912
Main building of Schloss Charlottenburg, 1912

Das Treppenhaus im Hauptbau, 1912
Staircase in the main building, 1912

Das Audienzzimmer Sophie Charlottes, *1912*
Sophie Charlotte's audience chamber, 1912

Die Goldene Galerie in Neuen Flügel, 1912
The Golden Gallery in the New Wing, 1912

Der Mittelpavillon der Orangerie, 1912
Middle Pavilion of the Orangery, 1912

BILDKOMMENTARE

15 Blick auf das Berliner Schloss, 1913
Der Standort des Photographen befindet sich in der Brüderstraße, von der aus man auf die Südwestecke des Schlosses blickt. Rechts stehen zwei Bürgerhäuser aus dem Ende des 18. Jahrhunderts, links befindet sich ein großes Wohn- und Geschäftsgebäude aus der zweiten Hälfte des 19. Jahrhunderts. Der sichtbare Teil des zum Schlossplatz hin liegenden Flügels, erbaut 1713–16, orientiert sich in seiner Fassadengestaltung an dem System, das Andreas Schlüter schon zuvor für die Südfront entworfen hatte.

16 Die Lustgartenfront mit Portal IV, 1916
Die westliche Hälfte des Lustgartenflügels entstand 1707–13 nach dem Entwurf von Johann Friedrich Eosander von Göthe. Dabei kopierte er das Schlüterportal der Lustgartenseite, allerdings ist sein Portal IV insgesamt breiter, mit merkwürdig gespreizter Mittelachse, und gegen die seitlichen Fassadenteile durch hohe Wandfelder abgesetzt. Die beiden Bronzegruppen der Rossebändiger bekam Friedrich Wilhelm IV. im Jahre 1842 von Zar Nikolaus I. geschenkt. In der Zeit des Vormärz nannten die Berliner sie »der behinderte Fortschritt« und »der beförderte Rückschritt«. Am 9. November 1918 rief Karl Liebknecht vom Balkon des Portals IV die »freie sozialistische Republik« aus. Vier Jahre zuvor, am 1. August 1914, hatte Kaiser Wilhelm II. anlässlich der Mobilmachung von derselben Stelle aus dem Volke zugerufen, er kenne keine Parteien mehr, es gebe nur noch Deutsche.

17 Der Westflügel des Schlosses mit Portal III, 1916
Aus südwestlicher Richtung fällt der Blick auf den zur Schlossfreiheit hin liegenden Flügel, der 1707–13 von Johann Friedrich Eosander von Göthe errichtet wurde. Das prunkvolle Portal III, nach seinem Erbauer auch »Eosanderportal« genannt, versteht sich als eine gesteigerte Nachbildung des Triumphbogens des Septimius Severus in Rom. Bei dem achteckigen Kuppelaufbau über dem Portal handelt es sich um die Schlosskapelle, die erst 1845–53 errichtet wurde, nach Plänen von August Stüler und Albert Dietrich Schadow. Rechts sieht man in starker perspektivischer Verkürzung die zum Schlossplatz hin zeigende Fassade. Straßenbahnschienen und Oberleitungsdrähte geben einen Hinweis auf die relativ späte Aufnahme der Photographie.

18 Der Weiße Saal im Schloss, 1916
19 Die Weiße-Saal-Treppe im Schloss, 1916
Der große Festsaal lag in der Nordwestecke des Schlosses, im zweiten Obergeschoss, mit der langen Fensterfront zur Schlossfreiheit und mit der nördlichen Schmalseite zum Lustgarten hin. Die Aufnahme zeigt den Weißen Saal nach der unter Wilhelm II. durch Ernst von Ihne erfolgten Vergrößerung und Neugestaltung, 1891–94. Die Decke des 13 Meter hohen Raumes ist in Weiß und Gold kassettiert und mit den Wappen der Hohenzollern geschmückt, die Wände sind mit weißem polierten Marmor verkleidet. Die Reliefs an der Deckenkehle stammen von dem Bildhauer Otto Lessing. Da auf Wunsch des Kaisers elektrisches Licht als indirekte Beleuchtung eingebaut wurde, sind in dem Saal keine Kronleuchter zu sehen. Von der südlichen Schmalseite des Saales führte eine Treppe zu der höher gelegenen Schlosskapelle. Durch Ernst von Ihne wurde die Treppe in neubarocken Formen dem Weißen Saal angeglichen. Die Aufnahme zeigt den oberen Teil des Treppenraumes vor der Schlosskapelle.

20 Das Schlüterportal im Kleinen Schlosshof, 1916
21 Die Wendeltreppe im Großen Treppenhaus, 1916
22 Deckengemälde im Großen Treppenhaus, 1916
Den Kleinen Schlosshof, später nach seinem Erbauer »Schlüterhof« genannt, betrat man vom Schlossplatz her durch das Portal I. Erbaut wurden die drei Gebäudeflügel nach Schlüters Plänen 1698–1706. Die Aufnahme zeigt das Portal am Spreeflügel, das als fünffachsiger Risalit des Großen Treppenhauses leicht vortritt. Die Front wird durch Kolossalsäulen bestimmt, über denen antikische Figuren stehen, hinter denen sich die Säulen als kannelierte Pilaster fortsetzen. Die Gestaltung des Inneren gilt als eine der bedeutendsten Raumschöpfungen Schlüters. Die Bezeichnung »Wendeltreppe« erklärt sich dadurch, dass eine ältere Anlage umgebaut werden musste. Schlüter löste die Aufgabe, indem er zwei getrennte Treppenrampen (eine zum Reiten, eine zum Gehen) in einem gemeinsamen Treppenhaus vereinigte. Der durch alle Geschosse gehende Mittelraum mit einer Säulenarchitektur gestattet einen freien Blick bis hoch zum Deckengemälde. Dieses von Nikolaus Bruno Belau geschaffene Gemälde ist von Schlüter ins Dreidimensionale fortgeführt worden. Der blitzeschleudernde Juppiter auf dem Adler steht dabei symbolisch für Friedrich, den Erbauer des Schlosses und ersten preußischen König.

23 Nationaldenkmal für Kaiser Wilhelm I., 1910
Das Denkmal für den Preußischen König und Deutschen Kaiser besteht aus dem neun Meter hohen Reiterstandbild und einem elf Meter hohen Sockel, aus allegorischen Frauenfiguren und einer Unzahl von Tiergestalten, von denen die Löwen, geschaffen von August Gaul, noch zu den ausdrucksstärksten gehören. Umgeben ist das Denkmal von einer Säulenhalle, deren Unterbau in die Spree hineingeschoben ist. Die Gesamtkonzeption der Anlage stammt von dem Bildhauer Reinhold Begas, der auch das eigentliche Reiterdenkmal schuf. Das am 22. März 1897, dem hundertsten Geburtstag Wilhelms I., enthüllte Denkmal wurde nicht günstig beurteilt. Im Berliner Volksmund hieß es bald »Wilhelm in der Löwengrube«, und der Schriftsteller Max Osborn meinte, die Komposition des Ganzen sei »ein schwülstiger und lauter, dröhnender Aufzug«. Im Zweiten Weltkrieg waren Teile des Denkmals eingelagert. Von Dezember 1949 bis September 1950 wurden die Reste abgetragen.

24 Der Alte Dom am Lustgarten, 1892
25 Das Innere des Alten Doms, 1892
Die Aufnahmen zeigen den an der Ostseite des Lustgartens stehenden Dom, wie er von Karl Friedrich Schinkel 1816/17 im Inneren und 1820/21 im Äußeren neugestaltet wurde. Erbaut hatte die »Domkirche« 1747–50 Johann Boumann. Schinkel, der dem vorhandenen Bauwerk nichts abgewinnen konnte, nahm den Umbau in klassizistischem Sinne vor. Die schlichte Decke ersetzte ein kassettiertes Tonnengewölbe, dessen Gurte die Intervalle der korinthischen Säulen wiederholen. Dadurch wurde die Längsrichtung des Raumes stärker betont. Den Altar verlegte Schinkel von der nördlichen an die südliche Schmalseite. Im Äußeren erhielt der westliche Vorbau durch die Umgestaltung eine ionische Säulenhalle mit breit gelagertem Giebel. In den Portalnischen stehen Engel, nach Modellen von Friedrich Tieck in Kupfer getrieben. Über der Vorhalle sieht man die von Schinkel veränderte Hauptkuppel mit zwei flankierenden Türmchen. Die beiden Messbildaufnahmen entstanden 1892. Im Jahr darauf wurde der Dom für einen seit langem vorgesehenen Neubau abgebrochen.

26 Der Berliner Dom am Lustgarten, 1905
27 Das Dominnere mit Orgel und Kanzel, 1905
Am 27. Februar 1905 wurde der neue Berliner Dom eingeweiht. Bei diesem monumentalen Zeugnis des Historismus vermischen sich Formen der italienischen Hochrenaissance mit denen des italienischen Barocks. Nach schon 1885 vorgelegten Entwürfen Julius Raschdorffs erfolgte die Ausführung durch Raschdorff und seinen Sohn Otto 1894–1905. Das triumphbogenartige Hauptportal öffnet sich zum Lustgarten hin. Unter der gewaltigen Kuppel befindet sich die Fest- und Predigtkirche. Der 1.960 Sitzplätze bietende Hauptraum hat die Form eines ungleichseitigen Achtecks mit Säulen und Pilastern. In die Halbkreisnischen der kurzen Seiten sind Emporen und die Kanzel eingefügt. Diese, mit kleiner Kuppel und Kreuz, wird von zwei eichenen Säulen flankiert. Die große Orgel im nördlichen Kreuzarm stammt aus der Werkstatt von Wilhelm Sauer, Frankfurt/Oder. Von Anfang an stieß der neue Dom auf Ablehnung und zum Teil heftige Kritik. Mit seiner zerklüfteten Baumasse, den unruhigen Kuppelanschlüssen und der bis zur Kreuzspitze 114 Meter hohen Hauptkuppel dominierte er nach Meinung vieler Zeitgenossen »im Maßstab vollkommen vergriffen« das Stadtbild des historischen Berlin.

28 Schlossbrücke und Berliner Dom, 1919
29 Skulpturengruppe auf der Schlossbrücke, 1919
Man erblickt die Schlossbrücke und den Berliner Dom vom westlichen Ufer des Spreekanals aus. Die von Schinkel entworfene Brücke wurde 1822–24 erbaut. Da der westliche Spreearm schiffbar bleiben musste, wurden nur die beiden Seitenöffnungen überwölbt, während der mittlere Durchlass hölzerne Aufzugsklappen erhielt. Erst nach 1900 bekam die Brücke auch im Mittelteil eine Sandstein-Einwölbung, sodass nun – wie von Schinkel ursprünglich vorgesehen – der Wasserlauf von drei Bögen überspannt wurde. Die auf hohen Postamenten stehenden Skulpturengruppen hatte noch Schinkel konzipiert, doch wurden sie erst zwischen 1847 und 1857 von acht verschiedenen Bildhauern in Carrara-Marmor ausgeführt. Dargestellt sind Leben, Kampf und Tod eines Helden, angeleitet und ermutigt durch die griechischen Göttinnen Nike und Pallas Athene. Die abgebildete Gruppe schuf der Bildhauer August Wredow: Die Siegesgöttin Nike trägt den gefallenen Helden zum Olymp.

30 Die Rotunde des Alten Museums, 1911
31 Das Alte Museum am Lustgarten, 1911
Die Abbildung zeigt das Alte Museum in Schrägsicht von Osten. An der Fuge zwischen Eckpfeiler und Außenwand erkennt man, dass die Reihe der 18 ionischen Säulen der Vorhalle des zweigeschossigen Baukörpers vorgeblendet ist. Erbaut wurde das Museum 1824–28 nach Entwürfen von Karl Friedrich Schinkel. Die Einweihung fand am 3. August 1830 statt, dem 60. Geburtstag Friedrich Wilhelms III. Der Baugedanke hatte seinen Ursprung in der Rückführung des napoleonischen Kunstraubs 1815 und dem Wunsch, diese Kunstschätze in einem Museumsbau öffentlich auszustellen. Außerdem sollten hier die Neuerwerbungen der Gemäldesammlungen Giustiniani und Solly gezeigt werden. Wer das Museum betrat, gelangte von der Vorhalle in einen kreisrunden Kuppelraum im Zentrum des Gebäudes. Vorbild für die Rotunde war das Pantheon in Rom. Schinkel, der Baumeister und Künstler, meinte, hier müsse »der Anblick eines schönen und erhabenen Raumes empfänglich machen und eine Stimmung geben für den Genuss und die Erkenntnis dessen, was das Gebäude überhaupt bewahrt«. In die oberen Ausstellungsräume führt eine Galerie, die von zwanzig korinthischen Säulen getragen wird. Im unteren Geschoss befindet sich die Antikensammlung, deren Räume um zwei Innen-

höfe angeordnet sind. Das Obergeschoss, in dem sich die Gemäldegalerie befand, wurde ab 1904 ebenfalls der Antikensammlung zur Verfügung gestellt.

32 Ausstellungssaal im Alten Museum, 1911
Blick in den für die Römische Kunst bestimmten Ostsaal im Hauptgeschoss des Alten Museums. Die Balkendecke wird durch Architrave getragen, die auf jeweils zwei Säulen aufliegen. An der Stirnseite sieht man die Sitzfigur eines Kaisers, im Bild rechts die Bekrönung eines Grabrundbaus. Im Vordergrund links steht ein römischer Rundaltar.

33 Bogengang zwischen Altem und Neuem Museum, 1920
Dreizehn Jahre nach der Eröffnung des »Königlichen Museums« am Lustgarten wurde mit dem Bau eines weiteren Museums begonnen, das dann den Namen Neues Museum erhielt, während der Schinkel-Bau nun Altes Museum genannt wurde. Von dessen Nordsaal aus führte ein Verbindungsgang zum direkt benachbarten Neuen Museum. Die Abbildung zeigt diesen von rundbogigen Torwölbungen getragenen überdachten Verbindungsgang, dessen Fensterwände durch korinthische Säulen gegliedert sind. Der Gang endet an einem kubischen Turm, welcher der Schmalseite des Neuen Museums vorgelagert ist. Auf diesen turmähnlichen Bauteil läuft auch die entlang der Straße errichtete Kolonnade zu, welche neben Pfeilern für eine Durchfahrt Säulen dorischer Ordnung aufweist. Der Eckrisalit, hinter dem sich der Römische Kuppelsaal befindet, zeigt allegorische Gestalten der Künste, darunter sieht man Medaillons mit Antikenköpfen.

34 Neues Museum und Altes Museum, 1911
Nach seinem Regierungsantritt 1840 hatte Friedrich Wilhelm IV. den Architekten Friedrich August Stüler beauftragt, ein Konzept für das gesamte Terrain hinter Schinkels Museumsbau am Lustgarten vorzulegen. Der König lieferte selbst Architekturskizzen für seinen Plan, »die ganze Spree Insel hinter dem Museum zu einer Freistätte für Kunst und Wissenschaft umzuschaffen«. Die Aufnahme zeigt das 1843–46 nach Stülers Entwürfen errichtete Neue Museum mit dem Verbindungsgang zum Alten Museum. Bei dem klassizistischen Gebäude vor dem Neuen Museum handelt es sich um ein von Schinkel entworfenes Verwaltungsgebäude des Packhofs. Im Vordergrund sieht man den Kupfergraben mit der steinernen Eisernen Brücke. Ihren Namen hat sie nach einer im Jahre 1797 an dieser Stelle errichteten gusseisernen Brückenkonstruktion. Zur Museumsstraße hin schließt sich eine niedrige Stützmauer an, von der zwei kleine Freitreppen in den Lustgarten und zum Alten Museum führen.

35 Das Treppenhaus des Neuen Museums, 1920
Das Innere des Neuen Museums konnte wegen einer Unterbrechung der Bauarbeiten durch die Revolution von 1848 erst 1855 vollendet werden. Das Haupttreppenhaus erstreckt sich über die gesamte Breite und Höhe des Mittelbaus. Eine schon von den Zeitgenossen als großartig empfundene Raumschöpfung mit offenem Dachstuhl und doppeltem Hängewerk, von Stüler in bewusster Anlehnung an Schinkels Entwurf für die große Halle des Königspalastes auf der Akropolis von Athen geschaffen. Die Treppenanlage teilt sich in zwei seitliche Treppenläufe. Sie führen zu seinem Podest mit einer Nachbildung der Korenhalle des Erechtheions. Die Größe des Treppenhauses war auch bedingt durch die Absicht des Königs, hier einen Zyklus monumentaler Wandgemälde ausführen zu lassen. Diese Bilder, das Hauptwerk Wilhelm von Kaulbachs, stellen in allegorischer Form bedeutende Ereignisse der Menschheitsgeschichte dar.

36 Ägyptischer Säulenhof im Neuen Museum, 1920
Eine »Sammlung ägyptischer Altertümer« war schon 1823 begründet worden und seit 1850 als eigenständiges Ägyptisches Museum in Stülers Neuem Museum untergebracht. Die Ausstellungsräume hatte er um einen Hof im Erdgeschoss gruppiert. Ein Peristyl von 16 bemalten Säulen umschließt den rechteckigen, mit einem Glasdach überdeckten Raum: eine im Maßstab verkleinerte Nachbildung der Vorhalle des Tempels von Karnak. Vor den beiden hinteren Mittelsäulen sieht man zwei sitzende Pharaofiguren aus Porphyr und auf den Stufen links und rechts zwei Widdersphinxe. In der Mitte ist ein Altarstein aufgestellt.

37 Römischer Kuppelsaal im Neuen Museum, 1920
Der Römische Kuppelsaal befindet sich im ersten Obergeschoss des Neuen Museums, direkt vor dem Verbindungsgang zum Alten Museum, gedacht als repräsentativer Abschluss der Antikenabteilung. Die Abbildung zeigt den Raum mit der nach Norden gerichteten Halbkreisnische. Die als Zwickelgewölbe ausgeführte Kuppel ist mit goldenen Sternen auf dunkelrotem Grund geschmückt. Die Gemälde in den Zwickeln zeigen allegorische Figuren, welche die christlichen Städte Jerusalem, Byzanz, Rom und Aachen verkörpern. Die halbkreisförmigen Bogenfelder sind »mit historischen, in die neuere Zeit hinüber führenden Wandbildern« ausgestattet. Das sichtbare Lünettenbild oben links stellt die Einführung des Christentums durch Kaiser Konstantin dar, ausgeführt durch den Historienmaler Hermann Anton Stilke.

38 Die Nationalgalerie auf der Museumsinsel, 1886
39 Treppenanlage vor der Nationalgalerie, 1916
In der Mitte der nach Südosten gerichteten Giebelfront ist auf dem Gebälk eine Inschrift angebracht: »Der deutschen Kunst MDCCCLXXI«. Die Jahreszahl hat aber weder etwas mit der Entstehung noch mit der Vollendung der Nationalgalerie zu tun, sondern bezieht sich auf die Reichsgründung 1871. Die Pläne für das Museum hatte 1862–65 Friedrich August Stüler entworfen unter Berücksichtigung von Skizzen, die Friedrich

Wilhelm IV. angefertigt hatte. Ausgeführt wurde der Bau dann 1866–76 von Johann Heinrich Strack, Stülers Nachfolger als Hofbaumeister. Der Außenbau der Nationalgalerie präsentiert sich als spätklassizistischer Tempelbau auf hohem Sockelgeschoss. Diesem ist eine zweiarmige mehrläufige Freitreppe vorgelagert, die zur Vorhalle mit acht vollplastischen korinthischen Säulen hinaufführt. Auf dem mittleren Podest steht das bronzene Reiterstandbild Friedrich Wilhelms IV. von Alexander Calandrelli, aufgestellt erst 1886. Eröffnet wurde die Nationalgalerie am 21. März 1876 in Gegenwart Kaiser Wilhelms I., fünf Jahre nach Erlangung der politischen Einheit in einem Deutschen Reich.

40 Der Zweite Corneliussaal in der Nationalgalerie, 1916
Anlass für die Errichtung der Nationalgalerie war eine Sammlung von 262 zeitgenössischen Bildern, die der 1861 verstorbene Bankier und Kaufmann Konsul Wagener dem preußischen König Wilhelm I. vermacht hatte. Ergänzt wurden diese Gemälde durch eine Vielzahl großformatiger Freskenentwürfe des Malers und Zeichners Peter Cornelius. Die Aufnahme zeigt den im zweiten Geschoss des Museums gelegenen Zweiten Corneliussaal. An den Seitenwänden links und rechts hängen die Entwürfe für die Hauptbilder, darüber jeweils ein Lünettenbild, darunter ein Streifenbild. Ursprünglich waren die Kartons für den Camposanto am Berliner Dom und für die Glyptothek in München bestimmt. In der Mitte des durch eine Apsis ausgezeichneten Raumes, der »Herzkammer der Nationalgalerie«, steht eine überlebensgroße Büste des Künstlers, der 1867 in Berlin starb.

41 Der Menzelsaal in der Nationalgalerie, 1916
Der Menzelsaal liegt in der Mitte des zweiten Ausstellungsgeschosses, zwischen Kuppelsaal und (Zweitem) Corneliussaal. Wie dieser ist er von bedeutender Höhe, mit großflächigem Oberlicht. Bis 1907 trug der Raum den Namen Erster Corneliussaal, dann wurde er in seinen Beständen aufgelöst und für die Ausstellung von Gemälden genutzt. In der Mitte der östlichen Stirnwand hängt das unvollendete Werk »Ansprache Friedrichs des Großen an seine Generale vor der Schlacht bei Leuthen«, gemalt 1859–61 von Adolph Menzel. In der Mitte des Raumes steht die mit horizontal ausgebreiteten Armen sich um ihre Achse drehende »Tänzerin«, eine 1911/12 von Georg Kolbe geschaffene Bronzeplastik.

42 Große Kuppelhalle des Kaiser-Friedrich-Museums, 1917
43 Das Kaiser-Friedrich-Museum auf der Museumsinsel, 1917
Der halbrunde, überkuppelte Eingangsbau des Kaiser-Friedrich-Museums erhebt sich auf der nördlichen Spitze der Museumsinsel, am Zusammenfluss der beiden Spreearme. Über diese verläuft in leichter Krümmung ein von der zweigeteilten Monbijoubrücke getragener Straßenzug, geschmückt durch Granitsäulen mit Kugellampen. Das Museum wurde 1898–1904 nach Entwürfen des Hofarchitekten Ernst von Ihne erbaut, auf Initiative Wilhelm von Bodes für die von ihm aufgebaute Sammlung von Gemälden und Skulpturen aus christlicher Zeit. Es entstand ein umfangreicher Komplex in Formen des Wilhelminischen Barocks mit fünf Innenhöfen und zwei überkuppelten Treppenhäusern. Die große Kuppel, eine Eisenkonstruktion mit Kupferdeckung, ist von einer steinernen Balustrade bekrönt. Auf der runden Balustrade über dem Eingangsportal sind Statuen aufgestellt, darunter ein kräftiges Gebälk sowie quadratische Fenster im Obergeschoss und rundbogige Öffnungen im Erdgeschoss. Besonders repräsentativ ist die Kuppelhalle gestaltet. Die beiden schwungvollen Treppenläufe schmiegen sich seitlichen Apsiden an. Im Zentrum des Raums sieht man einen Bronzeabguss des von Andreas Schlüter geschaffenen Reiterdenkmals des Großen Kurfürsten, aufgestellt auf dem Originalsockel des Denkmals von der Langen Brücke.

44 Der Rubenssaal im Kaiser-Friedrich-Museum, 1917
Die Aufnahme zeigt den großen Rubenssaal, der durch eine Deckenverglasung Tageslicht empfängt. An der nördlichen Schmalseite hängt links das Bild »Neptun und Amphitrite«, rechts vom Durchgang das Bild »Bacchanal«. Neben Peter Paul Rubens sind in diesem Raum Bilder von Anthonis van Dyck ausgestellt. Die sich im Obergeschoss befindende Gemäldegalerie war 1904 als Ganzes aus dem Alten Museum in das Kaiser-Friedrich-Museum übernommen worden.

45 Die »Basilika« im Kaiser-Friedrich-Museum, 1917
In der Mittelachse des Museumskomplexes, zwischen dem vorderen und dem hinteren Treppenhaus, liegt die so genannte Basilika. Dieser durch beide Geschosse reichende Bauteil ist Florentiner Renaissancekirchen nachgebildet. Auf zwei schlanken Säulen im hinteren Teil des Raumes stehen die Wappentiere von Florenz und Siena, Löwe und Wölfin. Hier, in der »Basilika«, fand am 18. Oktober 1904 »mit großer Feierlichkeit« die Eröffnung des Museums statt. Seinen Namen erhielt es nach Kaiser Friedrich III., der nach nur 99tägiger Regierungszeit im Juni 1888 gestorben war. Der Monarch hatte sich als »Protektor« der Königlichen Museen sehr um den Ausbau der Kunstsammlungen verdient gemacht. Zum ersten Direktor des neuen Museums wurde Wilhelm von Bode ernannt.

46 Die Königskolonnaden am Bahnhof Alexanderplatz, 1886
Die Säulengänge der Königskolonnaden standen auf beiden Seiten der Königstraße, kurz vor der Halle des Bahnhofs Alexanderplatz. Dieser wurde 1880–82 über dem zugeschütteten Königsgraben erbaut. Die Kolonnaden waren 1777–80 nach Entwürfen von Carl von Gontard errichtet worden. Ursprünglich befand sich unmittelbar im Anschluss an die Kolonnaden die Königsbrücke, die hier den Festungsgraben überquerte. Die aus Sandstein bestehenden Kolonnaden weisen jeweils elf Joche mit Säulenpaaren auf. Der figürliche Schmuck zeigt Putten mit

Attributen des Handels und des Gewerbefleißes sowie Pomona, Hermes, Hygieia und einen Flußgott. Die städtebauliche Funktion der Kolonnaden lag zu ihrer Erbauungszeit darin, die am Beginn der Innenstadt auf das Schloss zuführende Straße durch eine repräsentative Schmuckarchitektur hervorzuheben. Im Jahre 1910 mussten die Kolonnaden dem zunehmenden Verkehr weichen. Sie wurden abgetragen und auf dem Gelände des ehemaligen Botanischen Gartens an der Potsdamer Straße in Schöneberg wieder aufgestellt.

47 Vordergebäude des Schlosses Monbijou, 1916
Den Kern der Anlage zwischen Spree und Oranienburger Straße bildete ein 1703 von Eosander von Göthe für den Minister Kolbe von Wartenberg erbautes Landhaus. Schon 1710 gelangte es in den Besitz der Kronprinzessin Sophie Dorothea, der Gemahlin Friedrich Wilhelms (I.), die dem Schlösschen 1712 den Namen »Monbijou« gab. Durch mehrfache Erweiterungen wurde aus dem Gebäude bis zum Ende des 18. Jahrhunderts eine lang gestreckte barocke Schlossanlage, die 1877 als Hohenzollernmuseum für die Allgemeinheit geöffnet wurde. Die Abbildung zeigt das rechte der beiden zum Monbijouplatz hin liegenden Vordergebäude, errichtet 1789/90 nach Plänen von Georg Christian Unger. Es handelt sich um pavillonartige Gebäude mit einer zum Eingang hin bogenförmig zurückspringenden Kolonnadenarchitektur. An dem mehr kubischen Bauteil fällt besonders das mit ovalen Fenstern versehene hohe Attikageschoss auf.

48 Das Alkovenzimmer im Schloss Monbijou, 1916
Beim Alkovenzimmer, dem Museumsraum 24, handelt es sich um das ehemalige Schlafzimmer von Königin Sophie Dorothea, der Mutter Friedrichs II. Aus dessen Besitz stammen die im Rokokostil gefertigten Möbelstücke, rechts eine Büste des Prinzen Heinrich aus Rheinsberger Fayence, links eine Bronzestatuette Friedrichs II. mit zwei seiner Windspiele. Der Alkoven, die durch eine niedrige, kunstvoll verzierte Schranke vom Hauptraum abgetrennte Bettnische, ist mit Glasschränken und Gemälden ausgestattet.

49 Der Große Saal im Schloss Monbijou, 1916
Beim Großen Saal, dem Museumsraum 42, handelt es sich um die ehemalige, 1738 erbaute Orangerie. 1790 wurde der Raum für Königin Friederike Luise, Gemahlin Friedrich Wilhelms II., in frühklassizistischem Stil umgestaltet. In seinem mittleren Teil ist der 46 Meter lange Saal durch »gereifelte, auf Porphyrart marmorierte Säulen« hervorgehoben. Vorne rechts, an der Fensterseite, steht das Modell eines Kriegsschiffes aus der Zeit des Großen Kurfürsten (17. Jahrhundert). Ende 1943 wurde das Schloss, Familienmuseum der Hohenzollern-Dynastie, zerstört, der Rest nach dem Krieg beseitigt. Die noch gut über den Krieg gekommenen Vordergebäude am Eingangstor wurden 1960 abgebrochen.

50 Die Garnisonkirche in der Neuen Friedrichstraße, 1910
51 Wohnhaus Neue Friedrichstraße 56, 1910
Die Neue Friedrichstraße führte in einem großen Bogen von der Friedrichsbrücke bis zur Waisenbrücke. Die Aufnahme zeigt von Westen aus einen kurzen Abschnitt der Straße mit stattlichen Gebäuden und der Garnisonkirche, die gegenüber der Einmündung der Spandauer Straße stand. Das erste Gotteshaus für Soldaten und Offiziere sowie deren Familien war kurz nach 1700 errichtet worden. Nach Zerstörung, Wiederaufbau, mehrmaligen Umbauten und Neugestaltungen hatte die Kirche dann bis 1910 ihre endgültige Form gefunden. Ein großer rechteckiger, im Äußeren fast schmuckloser Bau mit Mansarddach und kleinem neubarocken Turmaufbau. Im Zweiten Weltkrieg wurde die Kirche zerstört, die Ruine später abgetragen. Das vornehme Wohnhaus mit klassizistischer Fassade direkt vor der Kirche stammt aus der ersten Hälfte des 19. Jahrhunderts, ebenso das Gebäude Neue Friedrichstraße 56, das als repräsentatives zweigeschossiges Wohnhaus errichtet und später aufgestockt wurde. Auffallend der die mittlere Fenstergruppe betonende risalitartige Vorbau mit Dreiecksgiebel. Über den Fenstern des ersten Geschosses sieht man in rechteckigen Vertiefungen Reliefs mit Puttenszenen.

52 Das Innere der Heiliggeistkapelle, 1892
53 Die Heiliggeistkapelle an der Spandauer Straße, 1910
Die Heiliggeistkapelle zählt zu den ältesten Gebäuden Berlins. Sie ist der einzige noch erhaltene Teil des 1272 erstmals erwähnten Heiliggeistspitals, erbaut nahe dem Spandauer Tor. Der kleine Backsteinbau – Länge 17 Meter, Breite 9,50 Meter – erhielt sein heutiges Aussehen um 1390. Der Einbau des spätgotischen Sterngewölbes erfolgte 1476, nach neueren Untersuchungen erst um 1520. Die Innenansicht zeigt die Kapelle nach Westen mit einem neugotischen Orgelgehäuse. Bis 1886 blieb das Spital als Kranken- und Armenhaus in Funktion, obwohl schon zuvor die mittelalterlichen Gebäude abgerissen worden waren. 1904–06 entstand auf dem Gelände eine Handelshochschule, die sich nördlich an die Kapelle anschloss. Diese entging dem Abriss und wurde als Hörsaal in den Neubau einbezogen. Die Rettung des »Heiliggeist-Kirchleins«, so schrieb 1929 Max Osborn, habe gezeigt, »mit welchem Verständnis die Kaufleute als Bauherren den Wünschen der Berliner Stadt- und Kunstfreunde entgegenzukommen wußten«.

54 Treppenhaus im Gebäude Heiligegeiststraße 35, 1910
55 Durchfahrt im Gebäude Heiligegeiststraße 35, 1910
Das hier gelegene vornehme Bürgerhaus wurde vermutlich um 1690 erbaut. Die Durchfahrt weist eine Überwölbung auf, bei Wohnhäusern eine Seltenheit. Im hinteren Teil des Hauses, seitlich der Durchfahrt, befindet sich das Treppenhaus. Die breiten, parallel geführten Läufe, die Deckengestaltung und die Nischenfiguren lassen erkennen, dass es dem Bauherrn auf Repräsentation ankam, worauf schon die sternförmige Überwölbung der

Durchfahrt hinweist. Die Geländer zeigen kräftig profilierte Baluster, wie es vor 1700 meistens der Fall war. Die Heiligegeiststraße, nahe dem ehemaligen Heiliggeistspital und parallel zur Spandauer Straße gelegen, wurde 1972 eingezogen. Zuvor schon, um 1890 und vor 1938, war die alte Bausubstanz zum größten Teil beseitigt, der Rest im Zweiten Weltkrieg zerstört worden.

56 Die Marienkirche auf dem Neuen Markt, 1911
57 Das Innere der Marienkirche, 1919
Der Blick fällt aus der Rosenstraße auf die nordwestliche Seite der Kirche. Der um 1270/80 begonnene Bau wurde Anfang des 14. Jahrhunderts vollendet und ist in wesentlichen Teilen bis heute erhalten. Der mächtige Westturm in Bruchsteinmauerwerk wurde 1418 begonnen und an das Kirchenschiff angefügt. Die mehrmals erneuerte Turmspitze war 1788 so baufällig geworden, dass sie abgetragen werden musste. Danach sei die Spitze des neunzig Meter hohen Turmes – so bemerkt der Berlin-Baedeker des Jahres 1908 – »in wunderlicher Gotik« errichtet worden. Es war Carl Gotthard Langhans, nach dessen Entwurf 1789–90 der neue Turmaufsatz entstand, eine eigenwillige Verbindung klassizistischer und gotisierender Formen. Im 19. Jahrhundert erfolgten umfassende Restaurierungen, die vor allem das Innere betrafen. Gewölbe und Wände der dreischiffigen gotischen Backsteinhalle erhielten Rankenmalereien, und die Bündelpfeiler bekamen an Stelle der weißen Tünche wieder ihren ursprünglichen ziegelroten Ton. Im Vordergrund links, am zweiten Pfeiler der Nordseite, die 1702–03 von Andreas Schlüter geschaffene barocke Kanzel. Ungewöhnlich ist die Konstruktion. Der das Gewölbe tragende Bündelpfeiler ist in mehr als sechs Meter Höhe von unten abgeschnitten und durch vier Sandsteinsäulen mit ionischen Kapitellen ersetzt. Davor der Kanzelkorb, scheinbar durch zwei flankierende Engelfiguren an Volutenbändern gehalten, darüber der Schalldeckel mit barocken Putten und einer Strahlensonne. Im Chor erkennt man einen spätbarocken Hochaltar, eine eigenwillige dreiteilige Architektur, 1757–62. Die Verglasung der Chorfenster stammt aus dem 19. Jahrhundert.

58 Die Westfassade der Franziskaner-Klosterkirche, 1910
59 Die Klosterkirche in der Klosterstraße, 1910
Nachweisbar ist eine Niederlassung der Franziskaner in Berlin seit 1249. Im Jahre 1271 überließen die Markgrafen Otto IV. und Albrecht III. dem Kloster Grund und Boden »zu ewigem Besitz«. Wegen der graubraunen Kutte der Mönche wurde ihr Haus als »Graues Kloster« bezeichnet, und weil sie kein Schuhwerk trugen, nannte man sie »Barfüßer«. Mit dem Bau der Kirche wurde nach der Mitte des 13. Jahrhunderts begonnen, ein frühgotischer Backsteinbau, errichtet zwischen 1250/60 und 1265/70. Das gemäß der Ordensregel turmlose Gotteshaus besaß nur einen Dachreiter und war zur Straße hin durch eine einfache Mauer begrenzt. Die Aufnahmen zeigen die Klosterkirche nach der 1842–44 durchgeführten »Renovation«. Die Westfront besaß seitdem einen neuen Dachreiter sowie zwei achteckige Treppentürme. Zwischen diesen befindet sich ein zweiteiliges Spitzbogenportal und darüber ein gotisches Fenster, dessen reiches Maßwerk erst bei den Restaurierungsarbeiten des 19. Jahrhunderts eingesetzt wurde. Aus derselben Zeit stammt auch der Arkadengang, der den Vorhof der Kirche zur Klosterstraße hin abschirmt.

60 Der Chor der Klosterkirche, 1910
61 Das Innere der Klosterkirche, 1910
Man blickt in den zwei Joche tiefen Chorhals oder Vorchor und in das sich anschließende Chorpolygon, bestehend aus sieben Seiten des Zehnecks. Da das Klostergrundstück unmittelbar an der mittelalterlichen Befestigung lag und das Chorpolygon erst um 1290/1300 dem Kirchenbau angefügt wurde, musste die Stadtmauer an dieser Stelle etwas nach außen versetzt werden. Der Chorschluss zeigt hohe gotische Fenster, während die Sockelzone durch Spitzenbogennischen mit eingestellten Kleeblattarkaden gegliedert ist. An der äußersten linken, nordwestlichen Polygonseite befindet sich eine Pforte, die zu den Klostergebäuden und zu einem nördlich angebauten Treppenturm führt. Auf den Wandflächen zwischen den Nischen sieht man Propheten- und Apostelfiguren, Freskenmalereien des 19. Jahrhunderts. Das geschnitzte Chorgestühl aus Eichenholz stammt aus der Zeit um 1500.

62 Saal im Kapitelhaus des Grauen Klosters, 1910
Die um zwei Innenhöfe gruppierten Klostergebäude lagen nördlich der Kirche. Seit 1574 beherbergte das ehemalige Franziskanerkloster, das 1539 aufgehoben worden war, eine neu gegründete höhere Schule, aus der das Berlinische Gymnasium »Zum Grauen Kloster« hervorging. Die Aufnahme zeigt einen später von der Schule genutzten Saal im Erdgeschoss des Kapitelhauses an der Nordwestecke des Kreuzgangs. Ein großer zweischiffiger Raum mit zwei starken schmucklosen Säulen und sechs Kreuzrippengewölben. Die beiden übereinander liegenden Säle des Kapitelhauses waren 1471–74 von einem Meister Bernhard erbaut worden. Im April 1945 wurden die Gebäude des Franziskanerklosters zerstört. Erhalten ist heute nur noch ein als Ruine gesicherter Teil der Klosterkirche.

63 Die Parochialkirche in der Klosterstraße, 1910
Die Aufnahme gibt einen Blick in die von der Stralauer Straße aus bogenförmig nach Nordwesten verlaufende Klosterstraße. Sie ist geprägt durch vornehme Bürgerhäuser und Stadtpalais, durch stattliche Geschäftshäuser sowie – in ihrem südlichen Abschnitt – durch den markanten Turm der barocken Parochialkirche. Der Kunsthistoriker Richard Borrmann schrieb 1893 in seinem Buch über die Bau- und Kunstdenkmäler von Berlin: »Der Turm mit seinem säulengeschmückten Glockenhause und der geschickt entwickelten Pyramide darf als eine besonders

gelungene Leistung bezeichnet werden.« Errichtet wurde der Sakralbau 1695–1703 nach Plänen Johann Arnold Nerings durch Martin Grünberg. Der 66 Meter hohe Turm wurde erst 1713–15 durch Jean de Bodt und Philipp Gerlach ausgeführt. Direkt hinter dem Turm, an der Einmündung der Parochialstraße, sieht man das 1701–04 errichtete Palais Podewils, einer der ältesten noch erhaltenen Barockbauten in Berlin. Bei dem großen Gebäude vor der Kirche handelt es sich um ein Wohn- und Geschäftshaus aus dem Ende des 19. Jahrhunderts.

64 Der Große Jüdenhof hinter der Jüdenstraße, 1911

Seit dem Mittelalter gab es in Berlin zwei »Jüdenhöfe«. Der Kleine Jüdenhof lag am nördlichen Ende der Klosterstraße und wurde 1886 beseitigt. Der Große Jüdenhof befand sich auf der östlichen Seite der Jüdenstraße mit einem Zugang zwischen den Häusern Nr. 46 und 47. Um den Hofplatz herum stand ein Dutzend Häuser, von denen das abgebildete Haus Nr. 9 um 1790 erbaut wurde. Es zeigt in beiden Geschossen schmückende Fensterumrahmungen und Rokokoornamente über den beiden inneren Fenstern des Erdgeschosses. Zu dem gedrungen wirkenden Eingang führt eine Freitreppe hinauf. Einige Häuser des Jüdenhofs wurden 1935 beseitigt, die noch erhaltenen bis auf eines im Zweiten Weltkrieg zerstört. Heute ist das Areal des ehemaligen Großen Jüdenhofs völlig überbaut.

65 Häuser in der Jüdenstraße, 1911

Die Jüdenstraße, eine der ältesten Straßen Berlins, hat ihren Namen nach dem hier gelegenen Großen Jüdenhof. Seit dem 18. Jahrhundert befanden sich in der Straße Gasthöfe und Fuhrunternehmen, später überwiegend kleine Handwerker und Gewerbetreibende. Das Haus Nr. 22, das »Haus mit dem Löwen«, wurde 1770 erbaut. Die im »Zopfstil« gestaltete Fassade zeigt eine Anhäufung von Zierformen ohne klare architektonische Linienführung. Die muschelähnlichen Gebilde über den Fenstern des ersten und zweiten Obergeschosses haben noch Rokokogepräge, während die durchhängenden Girlanden unter den Fenstern der beiden obersten Geschosse klassizistisches Formengut zeigen. Der Löwe über dem breiten, asymmetrisch in die Fassade gesetzten Eingang weist vermutlich auf ein ehemaliges Gasthaus hin. Ein Teil der historischen Bebauung wurde um 1860 für den Bau des neuen Rathauses und nach 1900 für den Bau des Stadthauses abgebrochen.

66 Wohnhäuser in der Falkoniergasse, 1910

Die Falkoniergasse verband die Werdersche Rosenstraße mit der Werderstraße. Das Baugelände wurde zwischen 1656 und 1658 an niedere Hofbeamte vergeben. In einer von Johann Gregor Memhardt unterzeichneten Baustellenanweisung heißt es: »Durch seiner Churfürstl. Durchl. gnädigste Bewilligung hab ich underbenannter dero Cammer Laqueyen Hanß Crantz eine Baustell auf dem Werder zugemeßen, zwischen Reithaus und dem Wall.« Die Falkoniergasse bekam ihren Namen, weil in die hier errichteten Häuser auch Falkoniere (Beizjäger) einzogen. Das Photo gibt einen Blick in die Falkoniergasse mit den ursprünglich zweigeschossigen, später meist aufgestockten Gebäuden. Das Haus Nr. 8 zeigt eine klassizistisch anmutende Fassade mit einer Fensterverdachung, drei einfachen Brüstungsfeldern und einem schlichten Mäanderband über dem Eingang.

67 Das Knoblauchsche Haus in der Poststraße, 1910

Erbaut wurde das barocke Wohn- und Geschäftshaus 1759–61, ein siebenachsiger Putzbau mit der heutigen Hausnummer 23, nahe der Nikolaikirche. Bauherr war der seit 1750 in Berlin ansässige Nadlermeister Johann Christian Knoblauch. Auffallend sind die zur Poststraße hin vorgewölbte Fassade und das gebrochene ausgebaute Mansarddach. Bei einem Umbau im Jahre 1806 wurde das Äußere klassizistisch verändert. 1835 erhielt die Fassade die Schmuckleisten der Fensterverdachungen und den umlaufenden Rankenfries. Das Haus diente der Familie Knoblauch über Generationen als Wohnsitz. Zum Zeitpunkt der fotografischen Aufnahme befand sich in dem Gebäude, wie ein Firmenschild mitteilt, die »Seiden-Band-Fabrik Carl Knoblauch«. Das Knoblauchhaus ist eines der wenigen noch am ursprünglichen Standort erhaltenen repräsentativen Bürgerhäuser des 18. Jahrhunderts. Bei dem rechts anschließenden, gut zwei Meter zurückspringenden Gebäude handelt es sich um ein 1870 erbautes Geschäftshaus.

68 Die Nikolaikirche am Nikolaikirchplatz, 1882
69 Das Innere der Nikolaikirche, 1899

Im Viertel um die Nikolaikirche befand sich die älteste Ansiedlung Berlins, und um 1220/30 errichtete man hier für die Bürgerstadt die erste Pfarrkirche, eine dreischiffige spätromanische Basilika. Im 14./15. Jahrhundert wurde das Gotteshaus als hochgotische Hallenkirche erneuert. Die Außenaufnahme zeigt den Bau, wie er seit der durchgreifenden Restaurierung 1876–78 aussah. Die neugotischen Backsteintürme über dem alten Westwerk wurden von Hermann Blankenstein entworfen. Aus romanischer Zeit stammen noch die drei unteren, aus Granitquadern erbauten Geschosse. An der Südwestecke wurde die 1452 gestiftete zweigeschossige Liebfrauenkapelle angebaut, mit hohen gotischen Fenstern und erneuerten Staffelgiebeln. Die Innenansicht zeigt den um 1380 begonnenen Hallenbau mit Blick aus dem südlichen Seitenschiff nach Nordwesten. Das fünf Joche zählende Langhaus weist Bündelpfeiler und Kreuzrippengewölbe auf. In der Länge misst der Innenraum sechzig Meter, in der Breite 23 Meter. Im Zweiten Weltkrieg wurde die Nikolaikirche zerstört. Der Wiederaufbau erfolgte erst 1981–87. Für das äußere Erscheinungsbild nahm man dabei den Zustand von 1878 zum Vorbild.

70 Gasthaus »Zum Nussbaum« in der Fischerstraße, 1910

Die vom Cöllnischen Fischmarkt abgehende Straße gehörte zu den ältesten Straßen Berlins. Das Haus Nr. 21 wurde wahrscheinlich schon als Gasthaus errichtet. Das Kellergeschoss war nach einer Inschrift auf das Jahr 1571 datiert, das Haus selber wurde wohl Anfang des 18. Jahrhunderts erbaut. In der Regel standen die einfachen Bürgerhäuser mit der Giebelseite zur Straße, also nicht mit der Traufseite, wie es bei den vornehmen Patrizierhäusern der Fall war. Populär war das Gasthaus, vor dessen Tür ein Nussbaum stand, wegen seiner prominenten Gäste, unter ihnen Heinrich Zille und Otto Nagel. Das Haus wurde 1943 zerstört und 1986/87 im rekonstruierten Nikolaiviertel als Kopie wieder aufgebaut, und zwar am Ort der ehemaligen Propstei in der heutigen Propststraße.

71 Die Propststraße im Nikolaikirchviertel, 1910
Einst hieß die Straße an der Nikolaikirche Kannegießergasse, dann seit 1723 Propstgasse, und 1845 wurde sie zur Straße aufgewertet. Die Benennung erfolgte nach der hier gelegenen Propstei, dem Wohnhaus des Propstes von St. Nikolai. Das Propsteigebäude – man sieht davon einen Teil im Bild rechts – war ein sakral wirkender Backsteinbau, erbaut 1856–58. Das daneben stehende Haus Nr. 8 wurde um 1685 unter Einbeziehung eines Vorgängerbaus errichtet, wobei aus einem Giebelhaus ein dreigeschossiges Traufenhaus wurde. 1828 erfolgte eine Neugestaltung der Fassade in klassizistischem Stil. Das im Zweiten Weltkrieg zerstörte Haus hat man – wie auch die beiden Häuser daneben – am historischen Ort rekonstruiert. Das war in den achtziger Jahren des 20. Jahrhunderts, als das Gebiet um die Nikolaikirche wieder aufgebaut wurde und den Namen Nikolaiviertel erhielt.

72 Die Mühlengebäude auf dem Mühlendamm, 1887
Der Blick fällt von Nordwesten auf die Gebäude der ehemaligen Damm-Mühlen, die zum Zeitpunkt der Aufnahme bereits stillgelegt sind. Im Jahre 1838 waren die beiden mittleren der vier »Königlichen Mühlen« über der Spree einem Feuer zum Opfer gefallen. Für den von Friedrich Wilhelm IV. befohlenen Neubau lieferte Ludwig Persius 1844 einen Entwurf im »normännischen Stil«. 1845 wurde mit dem Bau begonnen. Ende 1846 war das erste Mühlengebäude fertig, 1848 das zweite und 1850 der gesamte Bau. Auffallend ist der fortifikatorische Charakter des Komplexes mit hohem Eckturm und Schornstein, mit Türmchen und Zinnen und mit geschossübergreifenden Blendarkaden. 1880 stellten die Mühlen ihren Betrieb ein, 1890–93 wurden die Gebäude zur Städtischen Sparkasse umgebaut. Gleichzeitig entstanden am Mühlendamm eine Schleusenanlage und ein Wehr, um den Hauptarm der Spree endlich für Schiffe zu öffnen. Für einen vorgesehenen Ausbau der Spree und die damit verbundene Vergrößerung der Mühlendammschleuse wurde 1935 der eindrucksvolle Gebäudekomplex abgebrochen.

73 Die Gasse Am Krögel an der Spree, 1910
Krögel oder Krewel war die Benennung für eine Ausbuchtung der Spree, zu der diese enge Gasse hinführte. Im Mittelalter soll es sich um einen Stichkanal gehandelt haben, der die Spree mit dem Molkenmarkt verband und zur Entladung der Kähne diente. Nach Nicolai befand sich hier auch die älteste Badestube Berlins. Später wurde der Kanal zugeschüttet, aber als Zugang zur Spree beibehalten, um bei Feuer schnell an Löschwasser heranzukommen. Im Zuge der Vorbereitungen auf die 700-Jahr-Feier Berlins 1937 wurde das heruntergekommene Krögelviertel abgerissen, die Gasse eingezogen und überbaut.

74 Wohn- und Geschäftshäuser An der Schleuse 11–13, 1919
Die schmale Uferstraße führt von der Schleusenbrücke bis zur Spreegasse. Die Aufnahme ist aus westlicher Richtung gemacht und erfasst die Häuser 11–13 (von rechts nach links). Im Vordergrund ist der Spreekanal mit der sich hier befindenden Schleuse zu sehen. Das mittlere Haus Nr. 12 ist um 1690 erbaut, vermutlich nach einem Entwurf von Johann Arnold Nering. Das Erdgeschoss ist durch eine Putzquaderung hervorgehoben; der Eingang zeigt eine architektonische Umrahmung mit einem Rundbogen. Auffallend ist die sich über der Traufe erhebende Giebelstube aus dem 17. Jahrhundert. Eingerahmt wird das Haus Nr. 12 durch ein später aufgestocktes Wohnhaus mit Balustrade (links) und ein hohes fünfgeschossiges Gebäude (rechts), in dessen drei unteren Geschossen große helle Geschäftsräume eingebaut sind. Das Haus An der Schleuse 12 wurde 1938 abgebrochen.

75 Wohnhäuser an der Friedrichsgracht, 1910
Der Blick fällt von Süden auf die Häuser Friedrichsgracht 33–38 (von rechts nach links), auf der rechten Seite des westlichen Spreearms. Dieser war nach 1670 zum Kanal ausgebaut worden und bildete bis 1893 den einzigen Schifffahrtsweg durch die Stadt, da die Hauptspree durch den Mühlendamm versperrt war. Der Teil des Spreekanals, an dem die Uferstraße liegt, wurde auch Friedrichsgraben oder Friedrichsgracht genannt. Die abgebildeten Häuser stammen noch aus dem 18. Jahrhundert und wurden zum Teil später aufgestockt. Daraus erklärt sich die unterschiedliche Höhe der Häuser, die mit ihrer Traufseite zur Straße stehen. Bei den zwei mittleren Häusern zeigt sich eine Eigentümlichkeit Berliner Hausgestaltung, die schon im 17. Jahrhundert aufkam und sich lange Zeit hielt. Man setzte nämlich über dem Hauptgesims nur einen Teil des Daches an. Erst dahinter folgte dann das letzte Geschoss mit einem Rücksprung oder sogar (wie beim Haus Nr. 36) mit doppeltem Rücksprung. Über den Dächern sieht man im Hintergrund den spitzen Turm der Petrikirche.

76 Wohnhäuser in der Petristraße, 1910
Die nach der Petrikirche benannte Straße hieß bis 1816 Lappstraße, wahrscheinlich mit Bezug auf hier ansässige Flickschneider und Flickschuster, die man als »Lapper« bezeichnete. Die zwischen Gertraudenstraße und Friedrichsgracht verlaufende Straße machte im südlichen Teil eine leichte Biegung.

Hier standen die abgebildeten Häuser 24, 25, 26 und 27 (von rechts nach links). Die kleinbürgerlichen Häuser stammen aus dem 17. Jahrhundert und wurden später aufgestockt. Die im Kriege fast völlig zerstörte Petristraße wurde nach 1965 durch die Wohnhochhäuser der Fischerinsel überbaut.

77 Raules Hof auf dem Friedrichswerder, 1910
Der Name erinnert an den holländischen Kaufmann und Reeder Benjamin Raule, der 1675 in brandenburgische Dienste trat und vom Großen Kurfürsten mit der Leitung des Admiralitätskollegiums betraut wurde. Raule ließ 1678 anstelle des ehemaligen Ballhauses, das schon im Memhardt-Plan eingezeichnet war, in der Alten Leipziger Straße 1 ein Wohnhaus errichten. Dadurch erhielt der Durchgang von der Alten Leipziger Straße zur Adlerstraße seinen Namen. Die schmale Gasse, die etwa in der Mitte einen leichten Knick nach links zur Adlerstraße hin macht und so eine Hofsituation entstehen lässt, lag auf dem Gelände der späteren Reichsbank und wurde 1935 eingezogen. Ungewöhnlich für eine Messbild-Aufnahme ist, dass sich auf der Freitreppe, die zum parterre gelegenen Büro des »Vereins Berliner Hausdiener« führt, offenbar eigens für das Foto einige Personen aufgestellt haben.

78 Das Ermelerhaus, Breite Straße 11, 1910
79 Der Festsaal im Ermelerhaus, 1910
Bis 1945 galt das Ermelerhaus als eines der schönsten Bürgerhäuser aus dem 18. Jahrhundert in Berlin. 1760 kaufte der Armeelieferant Peter Friedrich Damm das schon 1724 erwähnte Gebäude und ließ es vermutlich nach Plänen von Friedrich Wilhelm Diterichs umbauen. Von der Innenausstattung sind besonders die Wandmalereien und Supraporten von Carl Friedrich Fechhelm hervorzuheben. So ist der große Festsaal im ersten Obergeschoss mit Kamin, geschnitzten Boiserien sowie Gemälden ganz im Rokokostil gehalten. 1804 kaufte ein Tabakfabrikant Neumann das Anwesen. Dieser gab dem Haus eine klassizistische Fassade mit Ranken- und Palmettenfriesen. 1824 übernahm der Tabakfabrikant Wilhelm Ermeler das Gebäude. Er ließ über dem Eingang ein Relief mit Szenen aus der Welt des Tabakhandels anbringen. Das im Zweiten Weltkrieg beschädigte Haus wurde 1960 restauriert, doch schon ein paar Jahre später wegen des Ausbaus der Breiten Straße abgetragen und 1968/69 in einer Baulücke am Märkischen Ufer 10 wieder aufgebaut, zwar in reduzierter Form, aber unter Verwendung der künstlerischen Ausstattung.

80 Wohnhaus Brüderstraße 13, Nicolaihaus, 1910
81 Treppenhaus im Gebäude Brüderstraße 13, 1910
Eine idyllische Hofsituation mit Seitenflügeln und Galerien, ein Baum in einem Beet mit Lattenzaun, eine Wasserpumpe für das Waschhaus im Quergebäude. Das Vorderhaus entstand um 1710 durch Umbau und Erweiterung eines Vorgängerbaus. Ab 1787 gehörte das barocke Bürgerhaus dem Schriftsteller, Verleger und Buchhändler Friedrich Nicolai, der das Gebäude im Inneren neu gestalten ließ. Unter Nicolai, der hier seine »Nicolaische Verlagsbuchhandlung« betrieb, entwickelte sich das Haus in der Brüderstraße zu einem geistigen Mittelpunkt der Berliner Aufklärung. Im Hausinneren ist besonders die offen von der Durchfahrt abgehende, um 1710 geschaffene Treppe bemerkenswert. Diese wird auf beiden Seiten von einem reich geschnitzten Eichenholzgeländer eingefasst. Dessen durchbrochene Ornamentik mit Akanthusblättern und in sich verschlungenen Bändern steht in einem Kontrast zu der ungefügen Treppenkonstruktion insgesamt. Ihren Namen hat die Straße nach dem hier im Mittelalter gelegenen Dominikanerkloster.

82 Wohnhaus Brüderstraße 10, »Galgenhaus«, 1910
83 Treppenhaus im Gebäude Brüderstraße 10, 1910
Erbaut 1690 für einen Kriegsrat von Happe, eines der wenigen erhaltenen palaisähnlichen Wohnhäuser aus jener Zeit. Die Fassade des dreigeschossigen Putzbaus geht auf eine klassizistische Umgestaltung um 1810 zurück. Sie bezieht ihre Wirkung vor allem aus der Mittelachse, welche durch die Verbindung von rustizierter Durchfahrt und aufsitzendem Fenster plastisch hervortritt. Die Fenster der Beletage zeigen reichen Schmuckdekor, wobei sich das Mittelfenster durch eine Dreiecksverdachung und seitliche Pilaster auszeichnet. In der rundbogigen Toröffnung befindet sich ein schmiedeeisernes Oberlichtgitter, darüber ein Schlusssteinkopf. Unter dem Traufgesims läuft ein Rankenfries. Ab 1737 diente das Gebäude als Propstei der Petrigemeinde. Aus der Erbauungszeit stammt das Treppenhaus, eine stabile hölzerne Pfostenkonstruktion. Das Geländer weist einen massiven Handlauf und schwere hochbauchige Baluster auf. Der Name »Galgenhaus« geht auf eine – historisch widerlegte – Erzählung zurück, wonach hier eine Dienstmagd, wegen eines fehlenden silbernen Löffels zu Unrecht beschuldigt, am Ort der Straftat gehängt wurde.

84 Reichsbankgebäude am Hausvogteiplatz, 1903
85 Kassenhalle des Reichsbankgebäudes, 1903
Die Reichsbank war 1871 aus der »Königl. Preußischen Hauptbank« hervorgegangen. Die Hauptgebäude der Bank befanden sich auf dem Areal zwischen Kurstraße, Jägerstraße und Oberwallstraße bis zum Hausvogteiplatz. An diesem wurde 1892–94 durch Julius Emmerich und Max Hasak ein Erweiterungsbau errichtet, ein ausgedehnter Komplex, der sich bis zur Kurstraße durchzog. Die Aufnahme zeigt die Hauptfassade dieses neunachsigen, in Renaissanceformen ausgeführten Baus, an den sich links das ältere, 1869–76 errichtete Reichsbankgebäude anschließt. Dessen prunkvolle Hauptfassade ist zur Jägerstraße gerichtet. Im Erweiterungsbau übt die monumentale, 12 Meter hohe Kassenhalle eine besondere Wirkung auf den Betrachter aus. In einer zeitgenössischen Beschreibung heißt es: »Die hell glasierten Deckenflächen vereinigen sich mit den Leisten und Gesimsen aus gestanztem Kupfer, der Vergoldung an Architrav

und Kapitellen zu einer glänzenden, lichten Gesamtwirkung.«
Mit ihren Säulen und dem Tonnengewölbe erinnert die Kassenhalle an den von Schinkel umgebauten Dom am Lustgarten. Im Zweiten Weltkrieg wurden die Hauptgebäude der Bank zerstört. Erhalten blieb nur der große Komplex der (zweiten) Reichsbank-Erweiterung, errichtet 1934–40 auf der östlichen Seite der Kurstraße.

86 Der Theatersaal des Schauspielhauses, 1920

Die Abbildung zeigt den großen Saal nach einer 1904/05 erfolgten Umgestaltung zu einer Art Prunktheater. Der Kunstkritiker Max Osborn verglich 1909 das neue Erscheinungsbild mit dem ursprünglichen: »Die Innenausstattung des Schauspielhauses entsprach in ihrem sichern und vornehmen Geschmack dem Außenbau. Große durchgeführte Linien bestimmten die Dekoration des Zuschauersaales, des Proszeniums, der Decke, der Ränge. Ein einfacher, ruhiger Akkord von Weiß und Gold, charakteristisch für das damalige Berlin, herrscht darin. Auch das alles ist leider im Jahre 1905 von einem Umbau verdrängt worden, der an Stelle der Schinkelschen Würde eine spielerisch-kokette, mit Ornamenten aus allen möglichen Stilepochen wirtschaftende Dekoration setzte.« Ein weiterer Umbau erfolgte 1935, wobei der Zuschauerraum eine Neugestaltung in klassizisierenden Formen erfuhr. Der einst von Schinkel entworfene Saal mit drei von schmalen Eisensäulen getragenen Rängen hatte sich durch gute Sicht und gute Akustik ausgezeichnet. Die Einweihung des Schauspielhauses war am 26. Mai 1821 mit Goethes »Iphigenie« begangen worden.

87 Das Schauspielhaus auf dem Gendarmenmarkt, 1923

Die Aufnahme zeigt das Schauspielhaus in Schrägsicht von Nordosten, wodurch die stereometrischen Grundformen des Bauwerks deutlich hervortreten. Im Juli 1817 war das erst 1802 eingeweihte, von Carl Gotthard Langhans erbaute »Nationaltheater« auf dem Gendarmenmarkt abgebrannt. Das neue Theater sollte nach den Vorstellungen Karl Friedrich Schinkels zum »überall vollendeten, außen und innen vollkommen zusammenstimmenden Kunstwerk« werden. Schinkels Konzept verband Zweckmäßigkeit und Schönheit durch Sparsamkeit. Letzteres war der Grund dafür, dass die Fassaden ursprünglich nur verputzt waren und erst 1883/84 mit Sandstein verblendet wurden. Die Ausführung des Neubaus erfolgte nach Schinkels Entwürfen 1818–21. Längs- und quergerichtete Blöcke scheinen sich zu durchdringen. Dreiecksgiebel bestimmen die Ansicht des Außenbaus nach allen Seiten. Die Verdoppelung der Giebel über Portikus und Mittelbau verleiht dem Bauwerk in der Mitte des Platzes eine monumentale Wirkung. Dazu trägt auch die zum Säulenportikus hinaufführende, von breiten Wangen eingefasste Freitreppe bei. Da sich die eigentlichen Zugänge im Sockelgeschoss befinden, stieg man über die Treppe nur sinnbildlich zum Musentempel empor. Als solchen wollte Schinkel das Gebäude verstanden wissen. Auf dem Hauptgiebel erhebt sich der griechische Gott Apollon majestätisch in seinem von Greifen gezogenen Wagen. Skulpturen und Reliefs sowie die Architekturformen im Ganzen beziehen sich auf den Ursprung des Theaters im antiken Griechenland.

88 Der Konzertsaal im Schauspielhaus, 1920

In den klassizistischen Formen der Schinkelzeit blieben lediglich der Konzertsaal mit Vestibül und Vorsaal erhalten. Durch das Vestibül und über eine Treppe erreicht man den im Südflügel des Schauspielhauses gelegenen Konzertsaal. Dieser – die Abbildung zeigt die östliche Schmalseite – reicht durch zwei Geschosse. An den Langseiten befinden sich auf Konsolen auskragende Galerien während an den kurzen Seiten jeweils sechs ionische Säulen den Architrav tragen. Schinkel schrieb 1826 über den Konzertsaal: »Das Lokal ist an Wänden und Säulen in weißem künstlichem Marmor gehalten, und die Ornamente und Glieder sind, wo es die Wirkung erfordert, vergoldet. Die Plafonds sind auf gleiche Art in Weiß und Gold gehalten. Figuren, in leuchtenden Farben gemalt, füllen die Kassetten aus.«

89 Der Französische Dom auf dem Gendarmenmarkt, 1882

Der Gendarmenmarkt besteht aus drei Karrees des regelmäßigen Straßenrasters der Friedrichstadt. Seinen Namen hat er nach dem Regiment Gens d'Armes, dessen Hauptwache und Stallungen sich früher hier befanden. Der Blick fällt von Südosten auf den Französischen Dom, der sich auf dem nördlichen Teil des Platzes erhebt. Hinter dem Dom sieht man die zu Beginn des 18. Jahrhunderts erbaute Kirche für die französisch-reformierte Gemeinde. Der großartige Turmbau, hinter dem sich die Kirche geradezu versteckt, wurde 1780–85 errichtet. Die Entwürfe für das theaterhaft wirkende, einen praktischen Zweck entbehrende Bauwerk stammten von Carl von Gontard. Beweggrund für den Bau der beiden architektonisch gleichen Turmbauten, des Französischen Doms und des südlich von ihm stehenden Deutschen Doms, war der Wunsch Friedrichs II., der Stadtsilhouette einen imposanten Akzent zu verleihen. Ihr städtebauliches Vorbild haben die Kuppeltürme vermutlich in den beiden symmetrischen Kirchenbauten der Piazza del Popolo in Rom. Auch Palladios Villa Rotonda in Vicenza dürfte Einfluss auf Gontards Entwürfe gehabt haben.

90 Das Kammergericht in der Lindenstraße, 1910
91 Das Treppenhaus im Kammergericht, 1910

Im Jahre 1468 erstmals urkundlich erwähnt, tagte das oberste Hofgericht der Mark Brandenburg ursprünglich »in seines Herren Kammer«, was meint: im Schloss des Landesherrn. Als erstes eigenes Gebäude wurde 1735 das »Königliche Collegien-Haus« in der Lindenstraße bezogen, errichtet nach Plänen von Philipp Gerlach: eine zweigeschossige Dreiflügelanlage mit Mansarddach und Mittelrisalit. Eine Rampe bildet die Auffahrt zum Hauptportal, über welchem ein Balkon vorspringt. Auf dem Gehweg ist eine hohe Standuhr aufgestellt. Bemerkenswert im

Inneren ist das breit angelegte Treppenhaus. Das massive hölzerne Geländer, das ganz um die Galerie im Obergeschoss herumgeführt ist, fällt durch seinen kunstvollen Kettenzug mit profilierten Volutenbändern auf. Im 19. Jahrhundert erfuhr das Barockpalais mehrfach Umgestaltungen und Erweiterungen. Als die Aufnahmen gemacht wurden, war schon ein neues Kammergericht im Bau. Dieses entstand 1909–13 im Kleistpark in Schöneberg.

92 Das Prinz-Albrecht-Palais an der Wilhelmstraße, 1921
Das Palais des Prinzen Albrecht lag auf der westlichen Seite der Wilhelmstraße, in der Achse der Kochstraße. Erbaut wurde das Palais 1737–39 von dem aus Frankreich stammenden Baron Vernezobre de Larieux. Nach dem Tode des Bauherrn wechselte das Haus, dessen Architekt unbekannt ist, mehrfach den Besitzer. Eine glanzvolle Zeit begann 1829, als das Palais zum Wohnsitz für den Prinzen Albrecht von Preußen, den jüngsten Sohn Friedrich Wilhelms III., bestimmt wurde. Die notwendigen Umbauten erfolgten durch Karl Friedrich Schinkel, der dabei den qualitätsvollen Außenbau weitgehend bewahrte. Die Aufnahme zeigt das dreigeschossige Hauptgebäude, dessen Gartenseite deutlich vorgewölbt und dessen Mittelachse durch einen Bogengiebel mit kräftiger Kartusche akzentuiert ist. Den weiträumigen Park ließ Prinz Albrecht nach einem 1830 von Peter Joseph Lenné entworfenen Plan gestalten. Im Jahre 1944 brannte das Palais aus, die Ruinen standen noch bis 1949, dann wurden die Reste des noblen Baus gesprengt.

93 Der Tanzsaal im Prinz-Albrecht-Palais, 1921
Die Neugestaltung des Inneren wurde 1830–33 vorgenommen, eindrucksvolles Zeugnis für den klassizistischen Dekorationsstil Schinkels. Der Tanzsaal im ersten Obergeschoss des Südflügels war ursprünglich durch eine Zwischenwand geteilt gewesen. Die Architektur des Saales zeigt an beiden Längsseiten Bogenstellungen, durch ein Gesims miteinander verbunden und horizontal gegliedert. In die breiten Wandfelder zwischen den Pilastern sind Spiegel eingelassen. Nur in dem mittleren Feld rechts ist ein Gemälde aufgehängt. An den Pilastern selber befinden sich als Hängekörbe ausgearbeitete Wandleuchten. Die ebenfalls von Schinkel gestaltete Decke weist geometrische Formen auf. Das große runde Mittelfeld zeigt acht sich im Kreis bewegende Bacchantinnen. Gemäß der Bestimmung als Tanzsaal sieht man entlang der Wände mehrere Sitzsofas sowie eine Reihe gepolsterter Sessel.

94 Das Treppenhaus im Prinz-Albrecht-Palais, 1921
Die Aufnahme zeigt die Vorhalle und das repräsentative Treppenhaus in der Gestaltung durch Schinkel. Dieser hatte die in England bereits sehr entwickelte Eisentechnik auf einer 1826 unternommenen Reise kennen gelernt. Schinkels Eisenkonstruktion für das Palais bestand aus zwei seitlichen Treppenläufen, die über Podeste ein erhöhtes Mittelpodest erreichten, von dem aus ein Treppenlauf weiter nach oben führte. Für die Stufen und Podeste waren vergoldetes Eisen und schlesischer Marmor verwendet worden. Bemerkenswert ist, dass unter dem konstruktiv wichtigen Mittelpodest keine Stützen angebracht sind, sondern nur in der Mauer verankerte Eisenrahmen, die an einen Baldachin erinnern. Dahinter sieht man die zum großen ovalen Saal führende Haupttür, die in ihrer repräsentativen Wirkung dadurch allerdings eingeschränkt ist.

95 Die Kolonnadenbauten an der Wilhelmstraße, 1921
Der Vorhof des Prinz-Albrecht-Palais ist zur Straße hin durch einen Säulengang und zwei flankierende Pavillonbauten abgegrenzt. Um zusätzliche Hofbeamtenwohnungen zu schaffen, wurden die vorhandenen Bauten von Schinkel umgebaut. Er ließ in diese ein Zwischengeschoss einziehen und ein niedriges Attikageschoss aufsetzen. Die dreifach durch Pilasterpaare gegliederten Fassaden behielt er bei, doch mussten die Erdgeschossfenster wegen des zusätzlichen Geschosses tiefer gesetzt werden. Der etwas zurücktretende Säulengang, auf der Photographie von hohen Platanen überschattet, weist acht Säulenpaare auf. Die beiden Rundbogenportale dienen als Ein- und Ausfahrt und sind mit Gittern verschlossen.

96 Die Bethlehemskirche in der Mauerstraße, 1910
97 Das Innere der Bethlehemskirche, 1910
Die Außenansicht zeigt die Kirche aus südlicher Richtung. Sie steht auf einer platzähnlichen Ausweitung der Mauerstraße in Höhe der Krausenstraße. An den kreisförmigen Grundriss schließen sich vier Kreuzarme an, drei davon rechteckig mit Eingängen zur Kirche. Der kurze östliche Kreuzarm ist halbkreisförmig als Apsis ausgebildet. Das hölzerne, mit Ziegeln gedeckte Kuppeldach wird von einer Laterne mit Turmknopf bekrönt. Der Innenraum zeigt umlaufende Emporen, unterbrochen durch die Kanzelwand mit Doppelempore. Auch in den anderen Kreuzarmen sind die Emporen zweigeschossig. Errichtet wurde der barocke Zentralbau 1735–37 nach Plänen des Bauinspektors Friedrich Wilhelm Diterichs für die nach Berlin gekommenen böhmischen Protestanten. Daher wurde das Gotteshaus auch Böhmische Kirche genannt. Dem Bauherrn, dem preußischen König Friedrich Wilhelm I., war an den Glaubensflüchtlingen viel gelegen. In einem Schreiben vom 12. Oktober 1735, sechs Wochen vor der Grundsteinlegung, hielt er fest: »Weil ich aber absolut eine besondere Kirche vor diese Leuthe erbauen will, so habe ich daher einen Platz selbst choisieret und denselben auf dem mit eingesandten Plane marquiret.«

98 Die Pfarrhäuser in der Taubenstraße, 1910
Die Gruppe von drei durch Toreinfahrten verbundenen Gebäuden steht auf dem großen Eckgrundstück Taubenstraße/Kanonierstraße (heute Glinkastraße). Es handelt sich um zwei Pfarrhäuser und ein Schul- und Küsterhaus der Dreifaltigkeitsgemeinde, erbaut 1738/39. Die zweigeschossigen Gebäude über

quadratischem Grundriss tragen hohe Mansardwalmdächer. Von den jeweils fünf Achsen zu den Straßenfronten ist die Mittelachse als Risalit leicht hervorgehoben. In einem der Pfarrhäuser wohnte der Theologe und Philosoph Friedrich Schleiermacher, der von 1809 bis 1816 hier lebte und in der nahen Dreifaltigkeitskirche predigte. Von den drei barocken Häusern sind nur zwei erhalten geblieben. Sie sind heute die einzigen Wohnhäuser, die noch aus dem 18. Jahrhundert in der Friedrichstadt vorhanden sind.

99 Die Dreifaltigkeitskirche in der Mauerstraße, 1910
Die Aufnahme zeigt die Rückseite der Kirche, die auf einer platzähnlichen Ausweitung der Mauerstraße in Höhe der Mohrenstraße steht. Erbaut wurde das Gotteshaus 1737–39 als Simultankirche für Evangelische und für Reformierte, vermutlich nach einem Entwurf von Titus de Favre. Die Architektur des barocken Zentralbaus lehnte sich an die nahe gelegene Bethlehemskirche an, allerdings war die Dreifaltigkeitskirche größer und im Inneren prächtiger als diese. Die ziegelgedeckte Holzkuppel ist mit einer Laterne bekrönt, welche als Glockenturm dient. Der Rundbau weist in den Achsen vier kurze, nur wenig vorspringende Kreuzarme auf. Der kleine neubarocke Vorbau an der Südseite stammt wie eine größere Vorhalle an der Nordseite aus den Jahren 1885–86.

100 Das Auswärtige Amt in der Wilhelmstraße, 1910
101 Das Treppenhaus im Auswärtigen Amt, 1910
Das Auswärtige Amt war in den Gebäuden Wilhelmstraße 75 und 76 untergebracht. Die Aufnahmen zeigen das Gebäude Nr. 76, erbaut 1736 von einem Oberst von Pannewitz. 1804 ging es in den Besitz des russischen Gesandten von Alopaeus über, der erhebliche Umbauten vornehmen ließ. 1819 bat Außenminister Graf Bernstorff den Staatskanzler von Hardenberg, »dass man ihm ein Diensthaus anweisen würde«. So kam das Gebäude durch Kauf in den Besitz des Auswärtigen Amtes. Der Mittelrisalit des neunachsigen Hauptbaus ist durch ionische Pilaster gegliedert. Über den mittleren Fenstern des Obergeschosses sieht man mit plastischen Ornamenten verzierte Bogenblenden. Links und rechts des Hauptgebäudes befinden sich kleinere Anbauten mit Durchfahrten. Es fällt auf, dass die Gestaltung der Anbauten aufwändiger ist als die des Hauptgebäudes. Im Inneren befindet sich ein dekorativ gestaltetes Treppenhaus mit einer Oberlichtkuppel. Die Aufnahme zeigt das Obergeschoss des Treppenhauses, das in dieser Form bis zur Zerstörung des Gebäudes 1945 erhalten blieb.

102 Mitteleingang des Reichskanzlerpalais, 1910
103 Das Reichskanzlerpalais in der Wilhelmstraße, 1910
Das Reichskanzlerpalais mit der Adresse Wilhelmstraße 77 befand sich auf der westlichen Seite dieser Straße, nahe dem Wilhelmplatz. Es handelt sich um eine zweigeschossige, um einen Ehrenhof gruppierte Dreiflügelanlage. Auffallend der Mittelrisalit mit überhöhtem Pavillondach und Giebeldreieck, darunter drei runde Oculi und paarweise angeordnete korinthische Pilaster. Diese werden von rustizierten Pfeilern getragen, wodurch der Sockelcharakter des Erdgeschosses betont wird. Erbaut wurde die barocke Anlage 1735–37, nach ihrem Bauherrn Palais Schulenburg genannt. 1795 erwarb der polnische Fürst Radziwill das schlossähnliche Gebäude, das 1875 an das Deutsche Reich überging. Nach einer Umgestaltung des Inneren diente es fortan als Amtssitz des Reichskanzlers, für den auch eine Dienstwohnung eingerichtet wurde. Im großen Festsaal des Reichskanzlerpalais fand 1878 der Berliner Kongress statt, der sich mit Problemen auf dem Balkan befasste. Als »ehrlicher Makler« übernahm Bismarck dabei eine Vermittlerrolle. Die Wilhelmstraße, einst eine Chiffre für das politische Machtzentrum der preußischen und deutschen Hauptstadt, hatte ihren Namen nach Friedrich Wilhelm I. erhalten, in dessen Regierungszeit (1713–40) die Anlage der Straße fällt.

104 Der Festsaal im Palais Dönhoff, 1897
105 Das Palais Dönhoff in der Wilhelmstraße, 1897
Zum Zeitpunkt der Aufnahme, 1897, befand sich das Palais Wilhelmstraße 63 im Besitz des Fürsten Otto Graf zu Stolberg-Wernigerode, der das Anwesen 1874 erworben hatte und danach innen und außen Umbauten vornahm. Der zweigeschossige Hauptbau mit sieben Achsen ist links und rechts durch zweiachsige Nebenbauten ergänzt, mit einer Toreinfahrt auf der südlichen Seite. Auffallend sind die beiden Säulenpaare, die das ehemalige Eingangsportal rahmen, das jetzt durch ein Rundbogenfenster ersetzt ist. Die hohen Sockel der Säulen geben einen Hinweis darauf, dass sich hier früher eine Auffahrt befand. Die Treppe hinter dem Portal führte zu einem im ersten Obergeschoss liegenden ovalen Saal. Dieser war nach einem Entwurf von Carl Gotthard Langhans um 1790 entstanden. Erbaut wurde das Palais um 1780 und ab 1791 allgemein Palais Dönhoff genannt, nachdem es ein Bogislav Graf von Dönhoff erworben hatte. 1899 wurde das Palais an den Fiskus verkauft und abgebrochen. Auf dem Grundstück entstand nach der Jahrhundertwende das Dienstgebäude des Preußischen Staatsministeriums.

106 Das Hauptportal des Zeughauses, 1908
Die Aufnahme zeigt einen Teil der Hauptfassade des Gebäudes an der nördlichen Seite des »Platzes am Zeughaus«. Im Jahre 1706 war es so weit vollendet, dass der königliche Bauherr, Friedrich I., über dem in einer Nische liegenden Portal sein bronzenes Reliefbildnis und eine Widmungsinschrift anbringen lassen konnte. Über dem Eingang erhebt sich ein viersäuliger Giebelportikus mit Triglyphengebälk und klassischem Dreiecksgiebel. Das Relief stellt die Göttin Minerva dar, wie sie ihre Jünger in der Kriegskunst unterrichtet. Das Erdgeschoss weist Rundbogenöffnungen auf, deren plastische Schlusssteine als Kriegerhelme ausgeformt sind. Vor dem Mittelrisalit sind in

reichem Faltenwurf vier allegorische Statuen aufgestellt: links vom Eingang Ingenieurkunst und Geometrie, rechts Arithmetik und Feuerwerkskunst.

107 Der Lichthof des Zeughauses, 1908
108 Ausstellungshalle im Erdgeschoss, 1908
Gemäß dem Amtlichen Führer durch das »Königliche Zeughaus« hatte dieses von Beginn an eine doppelte Bestimmung: »Es sollte die große Rüstkammer der Hauptstadt sein, nicht minder aber ein Schatzhaus kriegerischer Beutestücke und Trophäen.« Auf Wunsch Kaiser Wilhelms I. war das Zeughaus im Sinne einer Ruhmeshalle der preußischen Armee und als Waffenmuseum neu gestaltet worden. Die Aufnahme zeigt den Innenhof nach dem 1877–80 vorgenommenen Umbau durch Friedrich Hitzig. Der große Hof ist mit einem Glasdach überspannt, und links im Bild sieht man die doppelläufige Freitreppe, die zur »Ruhmeshalle« hinaufführt. Davor steht die 4,50 Meter hohe, 1885 von Reinhold Begas geschaffene Marmorskulptur der Borussia, dem Sinnbild Preußens. Von Andreas Schlüter stammen die Modelle für die 22 Köpfe sterbender Krieger auf den Schlusssteinen der Erdgeschossöffnungen. Die im Lichthof aufgestellten Geschütze wurden im Deutsch-Französischen Krieg 1870/71 erbeutet. Die eigentliche Museumssammlung war auf die beiden Geschosse des Zeughauses verteilt, ausgestellt in den gewölbten Jochen beiderseits langer Mittelgänge, zeitlich und thematisch gegliedert. Gezeigt wurden Waffen und Uniformen, Feldherrenskulpturen und Historiengemälde, Schlachtenpläne und Festungsmodelle sowie viele andere Objekte des »Kriegshandwerks«.

109 Die Ostfassade des Zeughauses, 1908
Der Blick fällt auf die zum Spreekanal hin zeigende Fassade des auf einem quadratischen Grundriss von 90 mal 90 Meter errichteten Gebäudes, für das 1695 der Grundstein gelegt worden war. Die Pläne dazu hatte Johann Arnold Nering ausgearbeitet. Nach dessen Tod führten nacheinander Martin Grünberg, Andreas Schlüter und Jean de Bodt den Bau weiter. Endgültig fertig gestellt war die monumentale Vierflügelanlage erst 1730. Mit Ausnahme der Nordseite sind die Mittelachsen durch Risalite mit Dreiecksgiebeln hervorgehoben. Nach schweren Beschädigungen im Zweiten Weltkrieg, einer späteren Wiederherstellung und mehrmaligen Restaurierungen ist das barocke Erscheinungsbild des Außenbaus wieder hergestellt.

110 Die Bauakademie am Schinkelplatz, 1888
111 Das Treppenhaus der Bauakademie, 1911
Als Karl Friedrich Schinkel 1831 den Entwurf für die Bauakademie vorlegte, war er Direktor der Oberbaudeputation, sein Freund Peter Christian Beuth Leiter der Allgemeinen Bauschule geworden. Der Neubau, beeinflusst durch die englische Industriearchitektur und nur durch den Spreekanal vom Barockschloss der Hohenzollern getrennt, entstand 1832–36. Die frühe Photographie zeigt den viergeschossigen Backsteinbau auf quadratischem Grundriss, ausgewogen in vertikaler wie horizontaler Gliederung, mit jeweils acht gleichartigen Fensterachsen und mit Terrakottaschmuck versehen. 1874/75 wurde die Bauakademie durch deren damaligen Direktor, Richard Lucae, im Inneren völlig verändert. Dabei ließ dieser im Innenhof ein neues prächtiges Treppenhaus einbauen. Fünf Jahre später steht das Gebäude leer. Es ziehen nun verschiedene Universitätsinstitute ein, aber auch die von Albrecht Meydenbauer gegründete Messbildanstalt. Im Zweiten Weltkrieg brennt das Gebäude aus, doch bleibt das Mauerwerk mit den Fassaden erhalten. Nachdem Wiederaufbau- und Restaurierungsarbeiten schon weitgehend vorangeschritten sind, wird Schinkels Bauakademie 1961/62 abgebrochen.

112 Die Kommandantur am »Platz am Zeughaus«, 1910
Das alte Kommandantenhaus war seit 1799 Wohnsitz des Berliner Stadtkommandanten, des obersten militärischen Befehlshabers. 1873–74 wurde es umgebaut und aufgestockt. Die Photographie zeigt von Nordosten aus einen durch den Quaderputz wehrhaft wirkenden Stadtpalast mit Rundbogenfenstern im Erdgeschoss und einem Säulenportal, drei Bogenfenstern mit eingestellten Säulen im Hauptgeschoss sowie Adlern aus Terrakotta auf dem Dach. Im Zweiten Weltkrieg ausgebrannt, wurde die Ruine später beseitigt. In den Jahren 2001–03 ließ der Bertelsmann-Medienkonzern das Kommandantenhaus wieder aufbauen und die Fassade mit Hilfe der abgebildeten Aufnahme des Messbildarchivs rekonstruieren. Die Gestaltung des Innenbereichs und des nach Süden gerichteten Wintergartens erfolgte »in moderner Formensprache«. Die Adresse »Unter den Linden 1« gibt es erst seit 1937, als der »Platz am Zeughaus« und der »Platz am Opernhaus« in die Straße mit einbezogen wurden. Seitdem beginnt und endet die Nummerierung nicht mehr am Pariser Platz, sondern fängt auf der Südseite mit der Kommandantur als Nr. 1 und auf der Nordseite mit dem Zeughaus als Nr. 2 an und endet am Pariser Platz mit Nr 77 und Nr. 82.

113 Die Neue Wache am »Platz am Opernhaus«, 1909
Die Straße Unter den Linden erweitert sich vom Reiterdenkmal Friedrichs des Großen an zum »Platz am Opernhaus«. Auf dessen nördlicher Seite steht die Neue Wache, ein Hauptwerk des deutschen Klassizismus. Der »Baedeker« des Jahres 1908 widmet ihm nur knappe vier Zeilen: »Die Königswache wurde 1816–18 von Schinkel im dorischen Stil erbaut, nach dem Motiv eines römischen Kastrums, wie Schinkel sich ausdrückte, aber mit Anlehnung an griechische Architekturformen.« Den Namen Königswache trug das Gebäude in Bezug auf König Friedrich Wilhelm III., der den Bau einer neuen Wache befohlen hatte und auch nach seiner Thronbesteigung 1797 weiterhin das schräg gegenüber liegende Kronprinzenpalais bewohnte. Schinkel verlieh dem relativ kleinen Baukörper durch die wuchtigen Seitenrisalite und den strengen dorischen Säulenportikus

eine monumentale Wirkung. Im Gebälk über den Säulen sind anstelle der Triglyphen kleine, von Schadow modellierte Siegesgöttinnen angebracht. Das Relief im Giebelfeld – entworfen von Schinkel, ausgeführt von August Kiss und erst 1846 eingesetzt – zeigt die Siegesgöttin Viktoria inmitten einer antiken Schlachtenszene mit Kampf und Sieg, Flucht und Niederlage. Ein Jahr vor Baubeginn der Neuen Wache, 1815, war die preußische Armee aus den Freiheitskriegen gegen Napoleon siegreich heimgekehrt.

114 Das Kronprinzenpalais am »Platz am Zeughaus«, 1911
115 Das Treppenhaus im Kronprinzenpalais, 1911
116 Der Festsaal im Kronprinzenpalais, 1911
117 Oberwallstraße und Brückengang, 1911
Die Aufnahmen zeigen das Kronprinzenpalais, wie es sich nach einer 1856/57 erfolgten Neugestaltung außen und innen dem Betrachter darbot, mit der damaligen Adresse »Platz am Zeughaus«. Im 17. Jahrhundert als Privathaus erbaut, wurde es 1732 für Kronprinz Friedrich (II.) zu einem zweigeschossigen Barockpalais umgebaut. Später wohnten hier als Kronprinz wie als König Friedrich Wilhelm III. sowie der spätere Kaiser Friedrich III. Dieser war es auch, der die 1856 begonnene Umgestaltung und Vergrößerung durch einen Seitentrakt vornehmen ließ. Zum Architekten bestimmte er Johann Heinrich Strack. Anstelle des Mansard-Walmdachs erhielt der Bau ein hohes Attikageschoss. Die beiden unteren Geschosse werden durch Pilaster mit korinthischen Kapitellen zusammengefasst. Besonders hervorgehoben ist der dreiachsige Mittelrisalit mit Säulenportikus, Balkon und Auffahrtsrampe. Der sich rechts anschließende überdachte Brückengang, erbaut 1810/11 durch Heinrich Gentz, verbindet das Kronprinzenpalais mit dem auf der westlichen Seite der Oberwallstraße liegenden Prinzessinnenpalais. Bemerkenswert im Inneren ist vor allem das große repräsentative Treppenhaus, das von Strack gestaltet wurde. Die Abbildung zeigt das obere Geschoss mit Marmorsäulen, Deckenausmalungen und großformatigen Gemälden. Der in klassizistischen Formen gestaltete Festsaal befindet sich im ersten Obergeschoss des östlichen Anbaus. Der Blick erfasst den Saal in Längsrichtung und fällt auf die Schranke bildenden Säulen und Karyatiden. Im Zweiten Weltkrieg wurde das Kronprinzenpalais zerstört und später abgetragen. Die spätklassizistische Fassadengestaltung des 19. Jahrhunderts war Vorbild für die 1968/69 erfolgte Rekonstruktion des Gebäudes.

118 Das Prinzessinnenpalais in der Oberwallstraße, 1910
119 Der Mittelbau des Prinzessinnenpalais, 1910
Im Jahre 1730 waren am nördlichen Ende der Oberwallstraße zwei Privathäuser errichtet worden. Bereits 1733 wurden die beiden Gebäude durch den Bauinspektor Friedrich Wilhelm Diterichs architektonisch miteinander verbunden. Es entstand ein schmaler lang gestreckter Bau mit einer vereinheitlichten Fassade. Der Mittelbau, wie das gesamte Gebäude zweigeschossig, zeigt Rundbogenfenster mit geschweiften Verdachungen. Über dem Eingang, zu dem eine einfache doppelarmige Treppe führt, springt ein von Konsolen getragener Balkon vor. Die vasenbekrönte wuchtige Attika ist mit einer Wappenkartusche verziert. Hinter den Fenstern des ersten Obergeschosses liegt der Festsaal. 1810/11 ließ Friedrich Wilhelm III. das Barockpalais durch einen Kopfbau nach Entwürfen von Heinrich Gentz erweitern, eingepasst in die Straßenflucht zwischen Oper und Kronprinzenpalais. Nach 1810 wohnten hier – daher der Name Prinzessinnenpalais – die drei Töchter des Königs. Später diente das Palais anderen Mitgliedern des Königshauses sowie Hofbeamten als Wohnung. Im Zweiten Weltkrieg wurde das Gebäude zerstört, die Ruine 1960 abgetragen. Den Wiederaufbau leitete – wie auch beim Kronprinzenpalais – der Architekt Richard Paulick. In ihrer Wirkung beeinträchtigt ist die 21 Achsen lange Fassade noch heute durch den relativ geringen Abstand zum gegenüberliegenden Seitenflügel des Kronprinzenpalais.

120 Die Königliche Oper auf dem Opernplatz, 1916
121 Rückansicht des Opernhauses auf dem Opernplatz, 1916
Das »Königliche Opernhaus« war das erste realisierte Bauwerk für das von Friedrich II. geplante »Forum Fridericianum«. Errichtet wurde es 1741–43 nach Entwürfen von Georg Wenzeslaus von Knobelsdorff. Apoll und den Musen gewidmet, so verkündet es die Aufschrift auf dem Architrav, der von sechs Säulen korinthischer Ordnung getragen wird. 1787/88 wurde das Opernhaus von Carl Gotthard Langhans im Inneren umgebaut und nach einem Brand 1843/44 durch den Sohn Carl Ferdinand Langhans wieder aufgebaut. Zwar blieb dabei die Außenarchitektur erhalten, doch wurden, um Platz für Nebenfoyers zu gewinnen, die beiden seitlichen Risalite etwas herausgerückt. Der Anbau hinter der Bühne, für den Transport der Dekorationen gedacht, stammt aus dem Jahre 1869. Das hohe Bühnenhaus wurde dem Bau 1910 eingefügt. Schon zuvor, 1904, hatte der Bau – wie die beiden Aufnahmen zeigen – eiserne Nottreppen »zur Sicherung bei Feuersgefahr« bekommen. Die Zeitgenossen empfanden die Außentreppen als hässlich, den Bühnenturm als proportionslos, den Anbau als überflüssig. Insgesamt Verunstaltungen, weil dadurch »die wohlabgewogenen Verhältnisse der ursprünglichen Architektur« willkürlich verschoben seien. Der Wiederaufbau des kriegszerstörten Opernhauses als »Deutsche Staatsoper« durch Richard Paulick orientierte sich an dem 1743 vollendeten Knobelsdorff-Bau. Der Bühnenturm konnte in seiner Höhe reduziert werden.

122 Der Apollosaal im Opernhaus, 1916
123 Der Zuschauerraum im Opernhaus, 1916
Der für Konzerte und als Foyer genutzte Apollosaal wurde nach der Feuersbrunst vom 18. August 1843 von Carl Ferdinand Langhans wieder hergestellt und gleichzeitig neu gestaltet: ein überwiegend in Weiß, Gold und Rot dekorierter Saal mit

gebeugten, das Gebälk stützenden Hermenfiguren. Übertroffen wurde der Apollosaal von der Pracht des Zuschauerraums, farblich ebenfalls in Weiß, Gold und Rot gehalten. Die vier Ränge sind als vorkragende Galerien ausgebildet. In der Mitte die den ersten und zweiten Rang unterbrechende Königsloge mit flachem Kuppeldach. Insgesamt lehnt sich der große Theatersaal »mehr an die Kunst des 18. Jahrhunderts als an den damaligen klassischen Geschmack der Schinkelschen Schule« an. Paulick ließ den Zuschauerraum in den fünfziger Jahren des 20. Jahrhunderts als Theatersaal mit drei Rängen wieder erstehen, unter Verzicht auf eine Ehrenloge, in historisierenden Formen der Knobelsdorff-Zeit.

124 Die katholische Hedwigskirche am Opernplatz, 1886
125 Das Innere der Hedwigskirche, 1886
Am 22. November 1746 erließ König Friedrich II. ein Patent, in dem er den Katholiken bekannt machte, dass sie in Berlin »eine Kirche so groß als sie solche immer haben wollen oder können« bauen dürften. Errichtet wurde die Kirche dann in der langen Bauzeit zwischen 1747 und 1773 von Johann Boumann nach Entwürfen Georg Wenzeslaus von Knobelsdorffs und Ideen Friedrichs II. Das Vorbild sah dieser im Pantheon in Rom, in der Antike ein »Tempel aller Götter«. Der Toleranzgedanke des aufgeklärten Absolutismus fand seinen architektonischen Ausdruck in der Hedwigskirche in Berlin für die katholische Gemeinde und in der Französischen Kirche in Potsdam für die Reformierten. Als Standort für die Hedwigskirche bestimmte Friedrich II. eine Baulücke hinter dem Opernhaus. Hier wurde die Kirche in auffallender Schrägstellung mit nach Nordwesten gerichtetem Portikus erbaut. Auf dessen Giebel steht die Figur der Hl. Hedwig, der Schutzpatronin des 1742 von Preußen eroberten Schlesiens. Die Abbildung zeigt den Bau nach den Veränderungen 1884–87 durch Max Hasak mit kupfergedeckter Kuppel, hoher Laterne und vergoldetem Kreuz. Im Kirchenraum tragen zwölf korinthische Säulenpaare die innere Kuppel. Auf dem Hauptaltar erkennt man die Marmorgruppe »Noli me tangere« mit Christus und Maria Magdalena, geschaffen 1750 von dem italienischen Bildhauer Giovanni Marchiori.

126 Die Königliche Bibliothek am Opernplatz, 1909
127 Treppenhaus in der Königlichen Bibliothek, 1909
128 Eckpavillon der Königlichen Bibliothek, 1909
Der Königl. Preuß. Bibliothekar S. H. Spiker sah die Bestimmung der Bibliothek darin, »die wissenschaftlichen Schätze des Landes in sich aufzunehmen und zugleich den Freunden der Gelehrsamkeit eine würdige Stätte zu deren Benutzung darzubieten«. Aus dem »alten Local der Bibliothek«, einem Seitenflügel des Schlosses, wurden die Bücher Ende 1780 in den Neubau gebracht. Mit dem Bau begonnen hatte man 1775, nach Plänen von Georg Christian Unger unter Verwendung eines älteren Fassadenentwurfs J. E. Fischers von Erlach für den Michaelertrakt der Wiener Hofburg. Dem unter Leitung von Georg Friedrich Boumann ausgeführten barocken Bauwerk wurde nur eine »mit leidlichem Geschick durchgeführte Nachahmung« des Wiener Vorbildes attestiert, und von den Berlinern erhielt der Bau wegen seiner geschwungenen Schauseite den Namen »Kommode«. Die Aufnahmen zeigen den Mittelbau und den linken Eckpavillon. Diese Gebäudeteile sind in den beiden oberen Geschossen durch korinthische Säulen hervorgehoben, die sich über dem hohen, kräftig gebänderten Sockel erheben. Die massiven steinernen Haupttreppen schließen sich an den rückwärtigen Teil des quadratischen Mittelbaus an. Um für den wachsenden Bücherbestand mehr Platz zu gewinnen, wurde das Gebäude innen später mehrfach umgebaut. Im Jahre 1903 schließlich begann man Unter den Linden mit einem Neubau für die Königliche Bibliothek.

129 Denkmal Friedrichs II. und Palais Wilhelms I., 1914
Der Grundstein für das Reiterdenkmal Friedrichs II., des Großen, wurde am 1. Juni 1840 gelegt, genau einhundert Jahre nach dessen Regierungsantritt. Oben der »alte Fritz« hoch zu Ross im Hermelinmantel, das mit dem Dreispitz bedeckte Haupt leicht gesenkt. Am Sockel sieht man vollplastische Reiter- und Standfiguren, Zeitgenossen Friedrichs II., die meisten von ihnen Generäle. Am 31. Mai 1851 wurde das Denkmal feierlich enthüllt, am Beginn der Straße Unter den Linden. Geschaffen hatte es der große Bildhauer Christian Daniel Rauch. Hinter dem Denkmal, auf der südlichen Straßenseite, liegt das Palais Kaiser Wilhelms I., der das Gebäude als Prinz von Preußen für sich und seine Gemahlin Augusta 1834–36 hatte erbauen lassen und es bis zu seinem Tode 1888 als König und Kaiser bewohnte. Der Architekt war Carl Ferdinand Langhans, der die Fassade in klassizistischen Formen gestaltete.

130 Tanzsaal im Palais Wilhelms I., 1919
131 Treppenhaus im Palais Wilhelms I., 1919
Das Innere des Palais Kaiser Wilhelms I., das heute Altes Palais genannt wird, wies eine Reihe repräsentativer Prunkräume auf, darunter das Treppenhaus und der Tanzsaal. Dieser ist als Rundbau ausgeführt, dessen Gebälk von zwanzig korinthischen Säulen getragen wird. Darüber befindet sich eine umlaufende Galerie und als Decke eine bemalte Flachkuppel. Auch die geschwungenen Marmortreppen sind in eine Rundarchitektur hineingesetzt, welche ihr Licht »durch eine mit goldener Glas-Malerei gezierte Kuppel von oben« erhält. Die Ausschmückung der Repräsentationsräume geht weitgehend auf eine 1854 durch Strack vorgenommene Neugestaltung zurück. Im Zweiten Weltkrieg wurde das Gebäude zerstört, 1963/64 das Vordergebäude mit klassizistischer Fassade wieder aufgebaut.

132 Die Dorotheenstädtische Kirche in der Dorotheenstraße, 1910
133 Grabmal in der Dorotheenstädtischen Kirche, 1910
Von Nordosten fällt der Blick auf die zwischen Mittelstraße und Dorotheenstraße gelegene Kirche. Als Pfarrkirche der 1674 ge-

gründeten Dorotheenstadt erhielt auch sie ihren Namen nach der Kurfürstin Dorothea. 1861–63 wurde der Vorgängerbau durch einen Neubau ersetzt, eine dreischiffige Backsteinkirche im Rundbogenstil. Sie hatte einen fast quadratischen Grundriss und besaß eine östliche Altarapsis mit zwei Nebenapsiden sowie einen quadratischen Westturm mit spitzem Helm. Im Inneren der Kirche befand sich das Wandgrabmal des Grafen Alexander von der Mark. Dieser – Sohn Friedrich Wilhelms II. und seiner Geliebten Wilhelmine Encke, nachmals Gräfin Lichtenau – war 1787 im neunten Lebensjahr gestorben. Das 1788–90 von Johann Gottfried Schadow in Marmor geschaffene Grabmal, das sich heute in der Alten Nationalgalerie befindet zählt zu den Hauptwerken des Klassizismus in Deutschland. Die antike Vorstellung vom Tod als Schlaf hat Schadow anrührend ins Bildhafte umgesetzt. Der tote Knabe ist in vollendeter Schönheit dargestellt. Das Relief auf der Vorderseite des Sarkophags zeigt »die geflügelte Gestalt der Zeit, die den lebhaft sich sträubenden Knaben derb bei der Hand gefasst hält«, ihn von der Göttin Minerva fortreißt und zur Unterwelt zieht, auf deren Eingang die göttliche Gestalt – der Gott Chronos – hinweist.

134 Die Villa Kamecke in der Dorotheenstraße, 1910
Die Villa wurde 1711–12 von Andreas Schlüter für den Kammerpräsidenten E. B. von Kamecke erbaut, Schlüters letztes architektonisches Werk in Berlin. Ein vergleichsweise kleiner Bau mit kurzen Seitenflügeln und rhythmisch geschwungenem Mittelpavillon, in seiner Gestaltung einem Lustgartenhaus vergleichbar. Das Grundstück lag auf der Nordseite der Dorotheenstraße, die bis 1822 Letzte Straße (der Dorotheenstadt) hieß. Die barocken Figuren auf dem Dach des mittleren Bauteils stammen ebenfalls von Schlüter. Später wurde die Villa Kamecke von der Freimaurerloge »Royal York« erworben und mehrfach verändert. So wurde nach 1880 aus dem Vestibül ein »Damenzimmer« gemacht. Die Figurennische in der Mittelachse kennzeichnet den ursprünglichen Eingang. Durch die Aufstockung um ein Mezzaningeschoss im 19. Jahrhundert und durch Aufhöhung der Straße erfuhr das Erscheinungsbild des heiter stimmenden Bauwerks weitere Beeinträchtigungen.

135 Festsaal des Logenhauses in der Dorotheenstraße, 1910
Die Großloge »Royal York« ließ 1880–83 auf der westlichen Seite der Villa Kamecke einen Erweiterungsbau errichten. Nach Plänen der Architektengemeinschaft Ende & Böckmann entstand hier ein ausgedehnter mehrgeschossiger Trakt, von dem aus man nun den Schlüter-Bau erreichte. Der im Januar 1883 eingeweihte Neubau bestand aus zwei Hauptteilen, den Arbeitsräumen mit den beiden Logensälen sowie dem großen Speise- und Festsaal. Die Aufnahme zeigt die westliche Schmalseite des zehn Meter hohen Saals. In den Wandfeldern sieht man gemalte Ansichten bekannter Tempel und Kirchen. Das Anwesen der Loge mit Altbau und Neubau hatte die Adresse Dorotheenstraße 27 und befand sich gegenüber der Dorotheenstädtischen Kirche.

136 Anatomisches Theater der Tierärztlichen Hochschule, 1909
137 Das Innere des Anatomischen Theaters, 1909
Der frühklassizistische Bau wurde von Carl Gotthard Langhans entworfen und 1789/90 errichtet. Es war Friedrich Wilhelm II., der 1787 verfügt hatte, in Berlin eine Tierarzneischule zu gründen, »weil der Schaden, der aus Mangel an guten Ross- und Viehärzten entstanden, für das Land und die Cavallerie von den allertraurigsten Folgen« sei. Am 1. Juli 1790 nahm die Tierarzneischule ihren Lehrbetrieb auf. Den Status einer Hochschule erhielt sie erst 1887. Die Anlage des Hörsaals erinnert an das erste und älteste erhaltene »Teatro Anatomico« von 1594 in Padua. In dem kreisrunden Kuppelraum steigen die Sitzreihen in einem Dreiviertelkreis steil an. Durch eine Öffnung im Boden konnte der Seziertisch mit dem Tierkadaver nach oben befördert werden. Ausreichendes Licht drang durch die glasgedeckte Öffnung der Kuppel. Im Inneren weist diese eine Scheinarchitektur auf, und im Tambourbereich zwischen den Fenstern sieht man Szenen mit Landleuten und Tieren – Malereien von Christian Bernhard Rode. Der Außenbau zeigt einen zweigeschossigen blockhaften Putzbau. Die quadratischen Fenster des Erdgeschosses und die rundbogigen, mit Tierschädeln geschmückten Fenster des Obergeschosses werden jeweils durch eine Balustrade zusammengehalten. Nach oben ist der Bau durch ein umlaufendes dorisches Triglyphenfries abgeschlossen. Bekrönt wird der Bau durch die auf einem niedrigen Tambour sitzende Flachkuppel. Das in einem parkähnlichen Gelände östlich der Luisenstraße liegende Anatomische Theater ist heute das älteste erhaltene akademische Lehrgebäude Berlins überhaupt.

138 Wandbild im Schadowhaus, 1900
139 Das Schadowhaus in der Schadowstraße, 1900
Der Bildhauer Johann Gottfried Schadow ließ 1804/05 in der Dorotheenstadt ein zweigeschossiges Wohnhaus errichten. Das Atelier befand sich im eingeschossigen Quergebäude. Nach dem Tode Schadows 1850 nahm ein Sohn, der Historienmaler Felix Schadow, einen Umbau der Gebäude vor. Das Vorderhaus wurde aufgestockt und erhielt eine neue klassizistische Fassade. Auffallend ist die über alle drei Geschosse gehende Quaderung. In den beiden äußeren Achsen befinden sich der Eingang und eine Portalblende mit Fenster, darüber jeweils ein Stuckrelief aus der Werkstatt Schadows. Die Reliefs am ersten Obergeschoss stammen von Hermann Schievelbein. In dem Rechteckfeld in der Mitte sieht man ein Porträtmedaillon Schadows, flankiert von Genien. In einem Raum der ersten Etage befindet sich ein großes dreiteiliges Fresko: »Der Brunnen des Lebens«. Eine personifizierte Darstellung der Schönen Künste mit Porträts von Familienmitgliedern. Geschaffen wurde das Bild 1837 von Eduard Bendemann, dem Schwiegersohn Schadows. Das Haus befindet sich in der Schadowstraße 10–11. Den Namen des berühmten Bildhauers trägt sie schon seit 1836. Zuvor hieß sie Kleine Wallstraße.

140 Die Quadriga auf dem Brandenburger Tor, 1906
141 Das Brandenburger Tor am Pariser Platz, 1906
Im Jahre 1787 hatte Friedrich Wilhelm II. den Bau eines neuen Stadttores anstelle des einfachen alten Pfeilertores angeordnet. Der beauftragte Architekt, Carl Gotthard Langhans, entwarf ein Bauwerk in Anlehnung an die Propyläen der Akropolis von Athen. 1789 wurde mit dem Bau begonnen, und am 6. August wurde das noch nicht vollendete Tor als »Friedenstor« eröffnet. Die bekrönende Quadriga mit der in die Stadt einziehenden Friedensgöttin, mit der Linken das Viergespann am Zügel haltend, wurde von Johann Gottfried Schadow entworfen, in Kupfer getrieben und 1793 aufgestellt. Die ursprünglich als Wache und als Steuerhaus genutzten niedrigeren Flügelbauten waren mit der Akzisemauer verbunden und wurden nach deren Abbruch 1867–68 von Johann Heinrich Strack mit offenen Säulenhallen zur Tiergartenseite umgestaltet. Von der westlichen Seite aus ist auch die Aufnahme des Bauwerks gemacht. Die freie halbkreisförmige Fläche davor trug den Namen »Platz vor dem Brandenburger Tor«. Der Platz östlich des Tores wurde 1734 als »Quarré« angelegt. Nach den Befreiungskriegen gegen Napoleon bekam das Viereck 1814 den Namen »Pariser Platz«.

142 Das Schloss Bellevue im Tiergarten, 1920
143 Das Chinesische Zimmer im Schloss Bellevue, 1920
Im nördlichen Teil des Tiergartens, vor den Toren der Stadt, ließ Prinz Ferdinand von Preußen, jüngster Bruder Friedrichs des Großen, das Schloss Bellevue als Sommerresidenz errichten. Es entstand 1785/86 nach Plänen von Michael Philipp Boumann in einem Übergangsstil zwischen Barock und Klassizismus. Der Mittelrisalit des Hauptgebäudes ist durch korinthische Pilaster gegliedert, darüber ein steiler Dreiecksgiebel mit einer Uhr, die von Relieffiguren gerahmt wird. Das zur Gartenseite hin gelegene Chinesische Zimmer bietet »ein seltsames und naives Gemisch von Chinesischem und Antikem«. Unter der im pompejanischen Stil gemalten Decke zeigt die Voute, also die Hohlkehle zwischen Decke und Wand, ein Mäandermuster mit Medaillonfeldern. Auf den Papiertapeten der Wände finden sich gemalte Blumenbouquets mit buntgefiederten Vögeln.

144 Der Tanzsaal im Schloss Bellevue, 1920
145 Pavillon im Schlosspark Bellevue, 1920
Der die gesamte Breite des Gebäudes einnehmende Tanzsaal, wie das Chinesische Zimmer im ersten Obergeschoss gelegen, wurde 1791 von Carl Gotthard Langhans mit je vier korinthischen Säulen an den Schmalseiten ellipsenförmig angelegt. Kamine und Nischen mit großen Urnen, eingerahmt von Hermenpfeilern, nehmen jeweils die Mitte dieser Seiten ein. In den insgesamt vier Exedren befinden sich die Eingangstüren zum Saal, darüber Supraporten in Form von Rundnischen mit Sphinxen. Die sich über dem Gebälk wölbende Flachkuppel war ursprünglich mit einem Deckengemälde geschmückt. In den 1786–90 angelegten, bis an den Spree reichenden Park, setzte man später einen Pavillon, der als Frühstücks- und Speisezimmer diente. Das kleine, als korinthischer Rundtempel gestaltete Bauwerk, errichtet 1826 nach einem Entwurf von Schinkel, bildet den Abschluss eines Gewächshauses. Das im Zweiten Weltkrieg ausgebrannte Schloss wurde in den fünfziger Jahren des 20. Jahrhunderts wieder hergestellt. Dabei rekonstruierte man im Inneren nur den Langhans-Saal.

146 Die Villa Borsig in Moabit, 1911
147 Der Festsaal in der Villa Borsig, 1911
August Borsig erwarb 1842 ein großes Areal an der Spree in Moabit, auf dem er 1847–49 ein neues Eisenwerk errichten ließ. Architekt der Anlage war Johann Heinrich Strack, der hier auch die Fabrikantenvilla erbaute, ein vielfach gegliedertes Gebäude, 1849 begonnen und später durch Um- und Anbauten mehrfach verändert. Der große Festsaal entstand nach 1852. Man blickt auf einen dreiachsigen rundbogigen Abschluss, hinter dem sich ein kleiner Saal und das Treppenhaus befinden. In den Ecken des Raumes stehen hohe Säulen, die Wölbung der Decke ist von Stichkappen durchbrochen. August Borsig starb 1854. Vier Jahre später feierte man in Moabit die Fertigstellung der 1000. Lokomotive. 1898 erfolgte der Umzug des Werkes nach Tegel. Die Fabrikanlagen in Moabit wurden aufgegeben, dann niedergelegt. Im Jahre 1911, kurz nach Entstehen der Messbildaufnahme, wurde auch die Villa abgebrochen, das große Gartengelände parzelliert.

148 Der Hauptbau des Schlosses Charlottenburg, 1912
Die Aufnahme zeigt die Hoffront des Kernbaus der ausgedehnten Anlage. Errichtet wurde der Bau als sommerliches Lustschloss für die Kurfürstin Sophie Charlotte. Deren Gemahl Friedrich III. (ab 1701 als König Friedrich I.) ließ seinen Oberbaudirektor Johann Arnold Nering Entwürfe vorlegen, die 1695–99 von Martin Grünberg verwirklicht wurden. Das Schloss war zunächst nur ein elf Fensterachsen breiter Bau, ohne Seitenflügel und ohne Turm. Die nach 1701 entstandene Dreiflügelanlage erhielt 1710–12 einen auffallend hohen Kuppelturm in der Breite des Mittelrisalits, entworfen und ausgeführt durch Johann Friedrich Eosander. Die Kuppel ist mit einer Laterne bekrönt, auf ihr eine als Windfahne dienende vergoldete Statue der Fortuna. Als Friedrich I. 1713 starb, war das Schloss außen wie innen noch nicht vollendet. Im November 1943 wurde die gesamte Schlossanlage durch Bomben schwer zerstört, die Ruinen waren nach dem Kriege durch Abriss bedroht. Nach heftigen Protesten der Öffentlichkeit wurde der Wiederaufbau beschlossen, der dann 1956–62 erfolgte. Die Rekonstruktion der Innenräume dauerte bis in die achtziger Jahre hinein.

149 Das Treppenhaus im Hauptbau, 1912
Als das Schloss im Juli 1699 eingeweiht wurde, hatte es noch keine Haupttreppe. Die Kurfürstin schrieb in einem Brief, alles

sei »nur halb fertig«. Erst Eosanders Erweiterungsentwurf vom Dezember 1701 brachte auch für das Treppenhaus eine befriedigende Lösung. Es wurde bis 1704 links neben dem Vestibül auf quadratischem Grundriss errichtet, eine freitragende Konstruktion nach französischem Vorbild. Das schmiedeeiserne Geländer besteht aus einer Folge filigraner Baluster. Die Erdgeschosszone gestaltete Eosander durch eine Bänderrustizierung, die Wandflächen im Obergeschoss sind durch ionische Pilaster gegliedert.

150 Das Audienzzimmer Sophie Charlottes, 1912

Die Fassade des Hauptbaus mit den hohen rundbogigen Fenstern des Mittelrisalits und den korinthischen Halbsäulen des Obergeschosses weisen dieses eindeutig als Piano nobile aus. Doch Sophie Charlotte hatte beschlossen, ihre Wohnung im Erdgeschoss einzurichten. Die Aufnahme zeigt das zur Gartenseite liegende Audienzzimmer, wegen der späteren Ausstattung mit Tapisserien auch 2. Gobelinzimmer genannt. In der Ecke ein schräg gestellter Kamin, verziert mit Gesims, Spiegel und Gipsornamenten. An der Wandfläche über dem Kamin sieht man ein ovales Stuckrelief, welches Minerva, die Göttin der Weisheit und Wissenschaft, darstellt, eine Anspielung auf Sophie Charlotte und ihren »Musenhof«. Sie starb schon im Jahre 1705, erst 36 Jahre alt. Zum Andenken an seine Gemahlin benannte Friedrich I. das bisherige Schloss Lietzenburg in Charlottenburg um.

151 Die Goldene Galerie im Neuen Flügel, 1912

Unmittelbar nach seinem Regierungsantritt begann Friedrich II., die Bautätigkeit in Charlottenburg fortzuführen. Östlich an die vorhandene Dreiflügelanlage ließ er durch seinen Baumeister Georg Wenzeslaus von Knobelsdorff 1740-47 den Neuen Flügel anfügen. Die Aufnahme zeigt mit Blick nach Westen die 42 Meter lange Goldene Galerie im Obergeschoss. Sie ist eine der phantasievollsten Raumschöpfungen des deutschen Rokoko, vollendet im Jahre 1746. Die Galerie, die mit Ausnahme des Gebälks keine architektonischen Gliederungselemente aufweist, ist farblich durch Gold und durch das Grün der stuckmarmorierten Wände bestimmt. Mit den Gitterwerksmotiven der Decke und der Fensternischen sowie der reichen Pflanzenornamentik versteht sie sich als ein ins Innere geholter Gartenfestsaal, ganz dem Geiste des Rokoko verpflichtet.

152 Der Mittelpavillon der Orangerie, 1912

An die Dreiflügelanlage des Charlottenburger Schlosses schließt sich westlich eine 1709-12 erbaute Orangerie an, der östlich eine gleichartige, jedoch nicht ausgeführte entsprechen sollte. In dem überhöhten Pavillon befindet sich ein prachtvoll ausgemalter Salon. Der Mittelrisalit zeigt Fenstertüren, darüber Ochsenaugen sowie Pilaster als vertikale Gliederungselemente. Die seitlichen Orangerieflügel sind eingeschossig mit jeweils 13 Achsen und haben eine Gesamtlänge von 143 Meter.

PICTURE COMMENTARIES

15 View of the Berlin Schloss, 1913
This photograph is taken from Brüderstrasse, giving a view of the south-west corner of the *Schloss*. The façade of the visible section of the wing leading to the Schlossplatz, built from 1713–16, follows the system previously devised by Andreas Schlüter for the south façade.

16 The *Lustgarten* façade with Portal IV, 1916
The west section of the *Lustgarten* wing was built from 1707–1713, to a design by Eosander von Göthe. Eosander copied the Schlüter Portal, though his is broader overall, with high wall fields setting it off from the façade sections on either side. The two bronze horse-breaker groups were presented to King Friedrich Wilhelm IV by the Russian Tsar Nicholas I in 1842.

17 The west wing of the *Schloss* with Portal III, 1916
This view shows the west wing of the *Schloss*, built from 1707–13 by Eosander von Göthe, with the magnificent Portal III, called the "Eosander Portal" after its architect. The octagonal domed structure above the portal is the *Schloss* chapel, which was not built until 1845–53. Tramlines and overhead power cables indicate that the photograph was taken relatively late.

18 The White Room in the *Schloss*, 1916
19 The White Room Staircase in the *Schloss*, 1916
The photograph shows the White Room, the *Schloss*'s great ballroom, after it was enlarged and redesigned by Ernst von Ihne under Kaiser Wilhelm II in 1891–94. There are no chandeliers in the ballroom, as the Kaiser asked for indirect electric lighting. A staircase leads from the ballroom to the *Schloss* chapel above. The neo-Baroque staircase design matches that of the White Room.

20 The Schlüter Portal in the Small *Schloss* courtyard, 1916
21 The Spiral Staircase in the Great Stairwell, 1916
22 Ceiling painting in the Great Stairwell, 1916
The Small Schloss courtyard, later called the "Schlüterhof" after its architect, was entered from Schlossplatz through Portal I. The courtyard's three wings were built to Schlüter's plans in 1698–1706. The photograph shows the portal by the Spree wing, behind which is the Great Stairwell. The interior design is considered to be one of Schlüter's greatest spatial creations. The central space rises through all floors and provides an open view of the ceiling painting, which Andreas Schlüter continued into three dimensions. Jupiter hurling thunderbolts symbolizes Frederick, who built the *Schloss* and was the first Prussian king.

23 National monument for Kaiser Wilhelm I, 1910
This monument to the King of Prussia and German Kaiser is an equestrian statue nine metres high on a pedestal eleven metres high. The monument is surrounded by a columned hall whose substructure thrusts down into the Spree. The monument was unveiled on 22 March 1897, Wilhelm I's hundredth birthday, and was not favourably received. The art critic Max Osborn thought that the overall composition had a pompous and booming appearance.

24 The Old Cathedral by the *Lustgarten*, 1892
25 Inside the Old Cathedral, 1892
The photographs show the east side of the Cathedral by the *Lustgarten*, as redesigned by the great Prussian architect Karl Friedrich Schinkel, in 1816/17 for the interior and 1820/21 for the exterior. The cathedral was built in 1747–50. Schinkel's new design was classical, the plain ceiling being replaced by a barrel vault, for example. Outside, the building acquired a hall with Ionic columns and a broad pediment. The Cathedral was pulled down in 1893 to make way for its long-planned replacement.

26 The Berlin Cathedral by the *Lustgarten*, 1905
27 Cathedral interior with organ and pulpit, 1905
The new Berlin Cathedral was consecrated on 27 February 1905. Its monumental structure mixes Italian Renaissance and Italian Baroque forms. The cathedral was built in 1894–1905. The nave can seat 1,960 people and is in the shape of an irregular octagon. The new Cathedral was violently attacked in some quarters from the outset. Many contemporaries thought that the 114 m high main dome dominated the old Berlin cityscape unduly and that the whole building had no real sense of scale.

28 *Schlossbrücke* and Berlin Cathedral, 1919
29 Sculpture group on the *Schlossbrücke*, 1919
This view from the west shows the Berlin Cathedral and the *Schlossbrücke* over the Spree, designed by Karl Friedrich

Schinkel and built in 1822–24. The sandstone vaulting in the central section was not added to the bridge until after 1900. The sculpture groups are on high pedestals and were part of Schinkel's design. They were not executed until some time between 1847 and 1857, in Carrara marble, by eight different sculptors. The group illustrated shows Nike, the Goddess of Victory, carrying the fallen hero to Olympus.

30 The Rotunda in the Old Museum, 1911
31 The Old Museum by the *Lustgarten*, 1911
The illustration shows the Old Museum viewed obliquely from the east. The museum with 18 Ionic columns in the porch was built to designs by Schinkel in 1824–28. It was opened on 3 August 1830. Visitors to the building came in through the porch to a circular domed hall modelled on the Pantheon in Rome. A gallery supported by twenty Corinthian columns lead to the exhibition spaces. The antiquities collection is on the ground floor.

32 Exhibition gallery in the Old Museum, 1911
View into the East Gallery in the Old Museum, intended to house Roman art. A seated figure of an emperor can be seen at the end of the gallery, on the right of the picture is the top section of a round tomb and in the foreground on the left a Roman round altar.

33 Arcade between the Old and the New Museum, 1920
Thirteen years after the opening of the "Royal Museum" by the *Lustgarten*, work started on another museum, which was called the New Museum, while the Schinkel building was called the Old Museum. The illustration shows the roofed corridor connecting the two buildings. A colonnade runs along the street, running towards a tower-like section of the New Museum.

34 The New Museum and the Old Museum, 1911
After his accession in 1840, King Friedrich Wilhelm IV had commissioned the architect Friedrich August Stüler to submit a plan for the entire area behind the Old Museum. This photograph shows the New Museum, built to Stüler's design in 1843–46, with the corridor linking it to the Old Museum. The neoclassical building in front of the New Museum is an office and residential building designed by Schinkel.

35 The staircase in the New Museum, 1920
Building work on the interior of the New Museum was interrupted by the 1848 revolution, and was not finished until 1855. Even contemporaries though thought that the main staircase was magnificent; it was created by Friedrich August Stüler on the basis of Karl Friedrich Schinkel's design for the royal palace on the Acropolis in Athens. The structure consists of two side flights of stairs leading to a landing with a copy of the Caryatid Porch of the Erechtheion.

36 Egyptian colonnade in the New Museum, 1920
The galleries for the Egyptian antiquities collection are grouped around a courtyard on the ground floor. The courtyard with 16 painted columns is a copy of the porch of the temple in Karnak, on a reduced scale. Two seated porphyry figures of Pharaohs can be seen in front of the two rear centre columns.

37 Roman Domed Gallery in the New Museum, 1920
The Roman Domed Gallery is on the first floor of the New Museum, immediately before the connecting corridor to the Old Museum. The illustration shows the gallery with the north-facing semi-circular niche. The paintings in the spandrels of the dome show allegorical figures embodying the Christian cities of Jerusalem, Byzantium, Rome and Aachen.

38 The National Gallery on Museum Island, 1886
39 Steps outside the National Gallery, 1916
There is an inscription in the centre of the pediment façade: "Der deutschen Kunst MDCCCLXXI" (To German Art). In fact this date has nothing to do with the National Gallery, but refers to the foundation of the German Empire in 1871. Friedrich August Stüler had designed the museum in 1862–65. The project was then executed by Johann Heinrich Strack, Stüler's successor as court architect, in 1866–76. The National Gallery was opened on 21 March 1876 in the presence of Kaiser Wilhelm I.

40 The Second Cornelius Room in the National Gallery, 1916
The National Gallery was built to house a collection of pictures a Berlin banker and businessman had left to the Prussian king. These paintings were complemented by a number of large-format frescoes designed by the painter and draughtsman Peter Cornelius. This photograph shows the Second Cornelius Room on the second floor of the museum. In the middle is a larger-than-life bust of the artist, who died in Berlin in 1867.

41 The Menzel Room in the National Gallery, 1916
This gallery on the second exhibition floor was used for the painting collection from 1907. The unfinished "Frederick the Great addressing his generals before the Battle of Leuthen", painted by Adolph Menzel in 1859–61, hangs in the centre of the east end wall. In the middle is the "Tänzerin" (Female Dancer), a bronze sculpture by the German artist Georg Kolbe dating from 1911/12.

42 Great Domed Hall in the Kaiser-Friedrich-Museum, 1917
43 The Kaiser-Friedrich-Museum on Museum Island, 1917
The museum's semicircular, domed lobby stands on the northern tip of the Museum Island. The museum was built in 1898–1904 to designs by the court architect Ernst von Ihne, on the initiative of Wilhelm von Bode, to house the collection of paintings and sculptures from the Christian era that Bode had accumulated. It is an extensive neo-Baroque complex with five inner

courtyards and two domed staircases. In the imposing large domed hall is a bronze cast of Andreas von Schlüter's equestrian statue of the Great Elector.

44 The Rubens Gallery in the Kaiser-Friedrich-Museum, 1917
The photograph shows the large Rubens Gallery in the Kaiser-Friedrich-Museum, which is naturally lit from a glazed ceiling. On the left of the north narrow side is the painting of "Neptune and Amphitrite", and to the right of the corridor the "Bacchanal". There are pictures by Anthony van Dyck in this gallery, as well as by Peter Paul Rubens.

45 The "Basilica" in the Kaiser-Friedrich-Museum, 1917
The so-called "Basilica", a part of the building modelled on Florentine Renaissance churches, is on the centre axis of the museum complex. The museum's opening ceremony took place here on 18 October 1904. It was named after Kaiser Friedrich III, who died in June 1888 after ruling for only 99 days. Wilhelm von Bode was appointed as the first director of the new museum.

46 The *Königskolonnaden* at Alexanderplatz station, 1886
The *Königskolonnaden* were just in the front of Berlin Alexanderplatz station hall. The station was built in 1880–82, over a ditch that had been filled in, the Königsgraben. The colonnades were built in 1777–80 to designs by Carl von Gontard, to decorate the *Königsbrücke*, which bridged the ditch. The colonnades had to make way for increasing traffic in 1910. They were demolished and rebuilt in a park.

47 Front building at Schloss Monbijou, 1916
A country house built in 1703 formed the core of the complex on the Spree. This came into the possession of Crown Princess Sophie Dorothea almost immediately, in 1710, and she christened the little palace "Monbijou" in 1712. A number of extensions made it an extensive Baroque palace by the end of the 18th century, and this opened as a Hohenzollern dynasty museum in 1877. The illustration shows the right-hand of the palace's two front buildings.

48 The Alcove Room in Schloss Monbijou, 1916
This used to be Queen Sophie Dorothea's bedroom; she was Frederick the Great's mother. The furniture in the rococo style used to belong to him. On the left is a bronze statuette of King Frederick II with two of his dogs.

49 The Great Hall in Schloss Monbijou, 1916
This hall is the former orangery, built in 1738. The room was redesigned in the early neoclassical style in 1790. The palace, the Hohenzollern dynasty's family museum, was destroyed in 1943, and the ruins removed after the war. The surviving front buildings were demolished in 1960.

50 The Garrison Church in Neue Friedrichstrasse, 1910
51 House in 56 Neue Friedrichstrasse, 1910
The photograph is taken from the west and shows a short section of the street with imposing buildings and the Garrison Church. This place of worship for soldiers and officers and their families was altered and rebuilt many times before reaching its final form in about 1910. The church was destroyed in the Second World War, and the ruins later removed. The elegant house with a classical façade directly in front of the church dates from the first half of the 19th century, as does the building at 56 Neue Friedrichstrasse with the striking porch in the middle.

52 Inside the Chapel of the Holy Spirit, 1892
53 The Chapel of the Holy Spirit in Spandauer Strasse, 1910
The chapel is the only surviving section of the Holy Spirit Hospital, first mentioned in 1272. The little brick building acquired its present form in about 1390. The late Gothic stellar vault was added in 1476; recent research suggest about 1520. The interior view shows the chapel looking west with a neo-Gothic organ case. The building was in use as a hospital and poorhouse until 1886.

54 Staircase in the 35 Heiligegeiststrasse building, 1910
55 Entrance to 35 Heiligegeiststrasse, 1910
This elegant town house was presumably built in c. 1690. The entrance is vaulted, which is rare for residential buildings. The staircase is at the back of the house, to the side of the entrance. The design as a whole shows that the owner was interested in conveying his status, as confirmed by the stellar vaulting over the entrance.

56 St Mary's Church in the Neuer Markt, 1911
57 Inside St Mary's Church, 1919
The building was started around 1270/80 and completed in the early 14th century. The main sections have survived to the present day. The mighty west tower was started in 1418 and added to the nave. A new top section for the tower, a strange combination of classical and neo-Gothic forms, was added in 1789–90, to designs by Carl Gotthard Langhans. Comprehensive restoration was carried out in the interior in the 19th century. The Baroque pulpit added by Andreas Schlüter in 1702–03 can be seen in the foreground on the left. In the choir is a Baroque high altar, tripartite architecture dating from 1757–62. The glass in the choir windows dates from the 19th century.

58 The west façade of the Franciscan Monastery Church, 1910
59 The Monastery Church in Klosterstrasse, 1910
A Franciscan establishment in Berlin is documented from 1249. Work on the church started in the mid 13th century, probably between 1250/60 and 1265/60. The place of worship had no tower, in conformity with the rules of the order, just a ridge turret. The photographs show the Monastery Church after the

"renovation" of 1842–44. From that time the west façade had a new ridge turret and two octagonal staircase towers. The arcade screening the church forecourt on the Klosterstrasse side dates from the same time.

60 The Monastery Church choir, 1910
61 Inside the Monastery Church, 1910
The photographs show the ante-choir and look into the adjacent choir polygon, made up of seven sides of the decagon. This was not added to the existing building until 1290/1300. The end of the choir has high Gothic windows, while the plinth zone is articulated with pointed-arched niches. The carved oak choir-stalls date from c. 1500.

62 Hall in the *Graues Kloster* chapterhouse, 1910
The monastery buildings are grouped around two inner courtyards north of the church. The Franciscan monastery was dissolved in 1539, and from 1574 the building housed a secondary school, the "Zum Grauen Kloster" grammar school. The photograph shows a hall on the ground floor of the chapterhouse at the north-west corner of the cloister that was later used by the school. The monastery was destroyed in 1945. All that survived was the ruined church.

63 The Parish Church in Klosterstrasse, 1910
The key features of Klosterstrasse are elegant town houses and imposing palaces and – in the southern section – the striking tower of the Baroque Parish Church. This was built by Martin Grünberg in 1695–1703 to plans by Johann Arnold Nering. The 66 metre high tower was not added until 1713–15. The Palais Podewils, built in 1701–04, can be seen directly behind the tower; the palace is one of the oldest surviving Baroque buildings in Berlin.

64 *Grosser Jüdenhof* behind Jüdenstrasse, 1911
There were two residential areas in Berlin where Jews had to live from the Middle Ages onwards. The *Kleiner Jüdenhof* was removed in 1886. The *Grosser Jüdenhof* was on the east side of Jüdenstrasse, with access between houses nos. 46 and 47. The house illustrated, no. 9, was built around 1790. Some houses in the *Grosser Jüdenhof* were removed in 1935, and the surviving buildings, with one exception, were destroyed in the Second World War.

65 Houses in Jüdenstrasse, 1911
Jüdenstrasse, one of the oldest streets in Berlin, took its name from the *Grosser Jüdenhof* here. House no. 22, the "House with the Lion", was built in 1770. The façade is decorated along no clear architectural lines; both rococo and classical forms have been used. Some of the historic development in Jüdenstrasse was pulled down after 1860 to make room for new municipal buildings.

66 Houses in Falkoniergasse, 1910
The building land in Falkoniergasse had been allotted to lower court officials between 1656 and 1658. The little street takes its name from the fact that falconers moved in here as well. The photograph gives a good view of the alleyway and its buildings, which originally had two storeys, but mostly had storeys added in the 19th century.

67 The Knoblauch House in Poststrasse, 1910
This Baroque residential and commercial building was constructed near St Nicholas's church in 1759–61. Striking features are the façade vaulted out over Poststrasse and the broken, extended mansard roof. The exterior was altered in the classical style in the course of building work in 1806. The respected Knoblauch family lived in the house for generations. It is now one of the few prestigious 18th century town houses surviving on its original site.

68 St Nicholas's Church in Nikolaikirchplatz, 1882
69 Inside St Nicholas's Church, 1899
The oldest settlement in Berlin was in the area around St Nicholas's church. The first parish church for the bourgeoisie was built here in about 1220/30, a late Romanesque basilica with a nave and two aisles. The place of worship was rebuilt as a high Gothic hall church in the 14th/15th century. The exterior shot shows the building as it looked after thorough restoration in 1876–78. The neo-Gothic brick towers also date from this period. The interior view shows the hall building started around 1380, looking north-west. The church was destroyed in the Second World War, and not rebuilt until 1981–87.

70 "Zum Nussbaum" inn in Fischerstrasse, 1910
Fischerstrasse is one of the oldest streets in Berlin. House no. 21 was probably built as an inn, in the early 18th century. As a rule, simple town houses stood with their gable side to the street, not the eaves side, as was the case for elegant patrician houses. The building was destroyed in 1943 and rebuilt as a copy in 1986/87 in the reconstructed Nikolaiviertel.

71 Propststrasse in the Nikolaikirchviertel, 1910
The street takes it name from the *Propstei* that used to be here, the home of the provost of St Nikolai. House no. 8 was built in about 1685, turning a gabled house into a house with eaves, because a predecessor building was included. The façade was redesigned in the classical style in 1828. The house was destroyed in the Second World War and reconstructed on the historical site.

72 The mill buildings on Mühlendamm, 1887
The mill buildings are seen from the north-west here; they were already disused at the time the photograph was taken. The design for this large complex was the work of the architect Ludwig Persius, and it was built in the Norman castle style in 1845–50.

When the mills stopped working in 1880, it was rebuilt as for the Municipal Savings Bank. The mill buildings were demolished when the lock leading into the Spree was due to be enlarged in 1935.

73 Am Krögel alleyway by the River Spree, 1910
Krögel or *Krewel* was the name for a bay in the River Spree to which this narrow alleyway led. In the Middle Ages it is said to have been a side canal linking the River Spree with the Molkenmarkt and used for unloading barges. The residential quarter that used to be here was pulled down in 1937, and the alleyway closed and built over.

74 Homes and offices at 11–13 An der Schleuse, 1919
The photograph covers numbers 11–13 (from right to left). In the foreground is the Spree canal, with a lock. The middle house, no. 12, was built in about 1690. This building is framed by a residential building with balustrade and a storey added later (on the left) and a tall, five-storey building (on the right) containing large, light business premises.

75 Homes on Friedrichsgracht, 1910
The view of the houses at 33–38 Friedrichsgracht (from right to left) is taken from the south. The buildings date from the 18th century and extra storeys were added to some of them later. This explains the different heights of the houses, which have their eaves side on the street. The spire of St Peter's Church can be seen over the roofs in the background.

76 Homes in Petristrasse, 1910
The southern part of this street running between Gertraudenstrasse and Friedrichsgracht bends slightly. The petit-bourgeois town houses date from the 17th century, and had extra storeys added later. Petristrasse was almost completely destroyed in the war and built over for homes on the Fischerinsel in 1965.

77 *Raules Hof* on Friedrichswerder, 1910
The name commemorates the Dutch merchant and shipowner Benjamin Raule. He entered the service of Brandenburg in 1675, and was made director of the Admiralty by Friedrich Wilhelm, the Great Elector. Raule commissioned a house for himself at 1 Alte Leipziger Strasse in 1678, from which the narrow passage from this street through to Adlerstrasse takes its name. The alley created a courtyard situation roughly in the middle, and was closed in 1935.

78 The Ermeler House at 11 Breite Strasse, 1910
79 Ballroom in the Ermeler House, 1910
Until 1945, the Ermeler House was considered to be one of the most beautiful 18th century town houses in Berlin. The great ballroom on the first floor is entirely in the rococo style. The house acquired its neoclassical façade in 1804. Wilhelm Ermeler was a tobacco manufacturer who bought the estate in 1824 and had a relief of scenes from the tobacco trade placed above the entrance. The house was demolished on its original site after the war and rebuilt in 1968/69 on the Märkisches Ufer.

80 House at 13 Brüderstrasse, Nicolai House, 1910
81 Staircase at 13 Brüderstrasse, 1910
The picture shows an idyllic courtyard situation with side wings and galleries, a tree and a water pump. The front building was created around 1710 by rebuilding and extending its predecessor. From 1787 the Baroque town house belonged to the writer, publisher and bookseller Friedrich Nicolai, who had the interior redesigned. The most remarkable feature is the oak stairway, which dates from about 1710. The street takes its name – "Brothers Street" – from the Dominican monastery that stood here in the Middle Ages.

82 House at 10 Brüderstrasse, "Gallows House", 1910
83 Staircase at 10 Brüderstrasse, 1910
The "Galgenhaus" was built in 1690, and is one of the few palatial residences to have survived from that period. The façade goes back to a neo-classical refurbishment dating from about 1810. The building belonged to the parish of St Peter's from 1737. The staircase, a massive timber structure, dates from the time the house was built. The name – literally "Gallows House" – goes back to a story that has been disproved historically. A maid is said to have been hanged here, at the scene of the crime, unjustly accused of stealing a silver spoon.

84 Reichsbank extension in Hausvogteiplatz, 1903
85 The Main Hall of the Reichsbank extension, 1903
The photograph shows the Renaissance-style structure, dating from 1892–94, which has the older Reichsbank building adjacent to it on the left. Its magnificent main façade faces Jägerstrasse. The extension houses the monumental, 12-metre-high banking hall, whose columns and tunnel vaulting were reminiscent of the Old Cathedral by the *Lustgarten* as redesigned by Schinkel. The bank's main buildings were destroyed in the Second World War.

86 *Schauspielhaus* auditorium, 1920
The illustration shows the main auditorium after it was redesigned as a kind of showpiece theatre in 1904/05. It was rebuilt again in 1935, when the auditorium was redesigned on neo-classical lines. The space was originally designed by Schinkel, and was known for its excellent sightlines and good acoustics. The *Schauspielhaus* opened on 26 May 1821, with Goethe's play "Iphigenie".

87 The *Schauspielhaus* in Gendarmenmarkt, 1923
The photograph shows the *Schauspielhaus* seen obliquely from the north-east. Langhans' "Nationaltheater" in Gendarmenmarkt

burned down in July 1817, having opened only in 1802. The new theatre was designed by Schinkel and was built in 1818–21. The building is in the centre of the square, and makes a monumental impact. The Greek God Apollo can be seen on the main pediment. Sculptures, and reliefs, and also the architectural forms in general, relate to the origins of theatre in ancient Greece.

88 Concert hall in the *Schauspielhaus*, 1920
Only the concert hall with its vestibule and outer hall survived in the neoclassical forms of the Schinkel era. The concert hall – the illustration shows the eastern narrow side – rises through two storeys. The galleries are on the long sides, while each of the short sides had six Ionic columns carrying the architrave.

89 The French Cathedral in Gendarmenmarkt, 1882
This view of the French Cathedral, built in 1780–85, is taken from the south-east. The designs for this building, which had no practical purpose, are by Carl von Gontard. These two architecturally identical buildings with towers, the French Cathedral and the German Cathedral on the south side of the square, were built because Frederick the Great wanted to make the silhouette of the city more impressive.

90 The Court of Appeal in Lindenstrasse, 1910
91 Staircase in the Court of Appeal, 1910
The supreme court of the Mark Brandenburg, first mentioned in records in 1468, originally met "in seines Herren Kammer" – "in his master's chamber" –, in other words in the Margrave's castle. The court moved into a first building of its own, the building in Lindenstrasse, in 1735. It was built to a design by Philipp Gerlach. A remarkable feature of the interior is the imposing staircase with solid wooden banisters, extending all the way round the gallery in the upper storey.

92 The *Prinz-Albrecht-Palais* in Wilhelmstrasse, 1921
Prince Albrecht's palace was built in 1737–39 by the French Baron Vernezobre de Larieux. After his death the building, whose architect is unknown, changed hands several times. A glittering period started in 1829, when the house became the seat of Prince Albrecht of Prussia. The necessary modifications were made by Karl Friedrich Schinkel, who did not alter the outside. The photograph shows the garden side of the building, with its middle axis clearly accentuated by an arched gable.

93 Ballroom in the *Prinz-Albrecht-Palais*, 1921
The new, neoclassical interior design dates from 1830–33. The architecture includes rows of arches on both of the long sides. Mirrors are set in the broad sections of the wall between the pilasters. Sofas and a series of upholstered armchairs are placed along the walls, in keeping with the function as a ballroom.

94 Staircase in the *Prinz-Albrecht-Palais*, 1921
The photograph shows the lobby and the imposing staircase designed by Schinkel, who had learned about iron technology, which was already at an advanced stage of development in England, on a visit there in 1826. Schinkel's iron structure for the Palais consisted of two side flights of stairs leading to a raised middle landing from which one flight of stairs continued upwards.

95 Colonnade buildings in Wilhelmstrasse, 1921
The forecourt of the *Prinz-Albrecht-Palais* is separated from the street by a colonnade and two flanking pavilions. Schinkel altered the existing buildings to provide additional accommodation for court officials. He inserted a mezzanine, and added a low attic storey. The two round-arched portals in the colonnade provided entrance and exit.

96 The Bethlehem Church in Mauerstrasse, 1910
97 Inside the Bethlehem Church, 1910
The exterior view shows the church from the south. It stands at a wider point, like a square, in Mauerstrasse in the Friedrichstadt. Four transepts run out from the circular ground plan. The short eastern transept adopts the semi-circular shape of an apse. This Baroque, centrally-planned building was built in 1735–37 for Bohemian Protestants who had come to Berlin, which was why it was also called the Bohemian Church. It was built by the Prussian king Friedrich Wilhelm I.

98 Parish houses in Taubenstrasse, 1910
These three buildings linked by gateways are two parish houses and a school and sexton's house for the Holy Trinity parish, built in 1738/39. The theologian and philosopher Friedrich Schleiermacher, who preached in the nearby Holy Trinity Church, lived in one of the parish houses from 1809 to 1816.

99 Holy Trinity Church in Mauerstrasse, 1910
The photograph shows the back of the church, which stands at a wider point, like a square, in Mauerstrasse where it reaches Mohrenstrasse. This place of worship was built in 1737–39, probably designed by Titus de Faure, as an ecumenical church for Protestant and Reformed congregations. The architecture of the Baroque, centrally-planned building borrows from that of the nearby *Bethlehemskirche*.

100 The Foreign Office in Wilhelmstrasse, 1910
101 Staircase in the Foreign Office, 1910
The Foreign Office was accommodated at 75 and 76 Wilhelmstrasse. The photographs show no. 76, built in 1736, which was later bought and altered by the state. There are small extensions with gateways to the left and right of the main building. Inside is a decoratively designed staircase with a dome providing top-lighting.

102 Central entrance to the *Reichskanzlerpalais*, 1910
103 The *Reichskanzlerpalais* in Wilhelmstrasse, 1910
The *Reichskanzlerpalais* at 77 Wilhelmstrasse was a complex with three wings grouped around a central courtyard. The central ressaut with high pavilion roof and pediment is a striking feature. The Baroque complex was built in 1735–37, and passed to the German Reich in 1875. The palace served as the Reich Chancellor's official residence after interior refurbishment, and private quarters were also provided for him.

104 Ballroom in the *Palais Dönhoff*, 1897
105 The *Palais Dönhoff* in Wilhelmstrasse, 1897
At the time this photograph was taken the Palais at 63 Wilhelmstrasse was owned by Prince Otto Count of Stolberg-Wernigerode, who had bought the estate in 1874 and commissioned rebuilding work later. The palace was built in about 1780, and generally known as the *Palais Dönhoff* from 1791, after being bought by Bogislav Count of Dönhoff. The staircase behind the portal leads to an oval hall on the first floor, created in about 1790 to a design by Carl Gotthard Langhans.

106 Main portal of the *Zeughaus*, 1908
The photograph shows part of the main façade. The building was so close to completion in 1706 that its royal owner, Frederick I, was able to place his portrait above the portal. Above the entrance is a portico with pediment. The relief depicts the goddess Minerva, teaching her disciples the arts of war.

107 Light well in the *Zeughaus*, 1908
108 Ground floor exhibition hall, 1908
The *Zeughaus* (Arsenal) had been redesigned to provide a Hall of Fame for the army and an armaments' museum at the request of Kaiser Wilhelm I. The photograph shows the inner courtyard after rebuilding in 1877–80. The large courtyard is roofed in glass, and on the left of the picture are the twin flights of the staircase leading to the "Hall of Fame". The artillery pieces on show were captured in the Franco-Prussian War of 1870/71. The actual museum collection was distributed over the two storeys, arranged chronologically and thematically.

109 East façade of the *Zeughaus*, 1908
The eye alights on the Spree canal façade of this building on a 90 by 90 metre square ground plan, for which the foundation stone was laid in 1695. The four-winged complex was not finally completed until 1730. The Baroque appearance of the building's exterior was largely restored after severe damage in the Second World War.

110 The *Bauakademie* in Schinkelplatz, 1888
111 Staircase in the *Bauakademie*, 1911
When Karl Friedrich Schinkel submitted the design for the *Bauakademie* (Building Academy) in 1831 he had become director of the highest building authority. The new building, dating from 1832–36, was influenced by British industrial architecture. This early photograph shows the four-storey brick building on a square ground plan with eight identical window axes on each side. The interior of the *Bauakademie* was entirely rebuilt in 1874/75. This included a large new staircase in the inner courtyard.

112 The City Commander's House in the Platz am Zeughaus, 1910
The old commanding officer's house had been the seat of the City Commander, Berlin's highest-ranking military officer, since 1799. The photograph is taken from the north-east, and shows the fortress-like town house with round-arched windows on the ground floor and a columned portal. Bertelsmann Media Worldwide rebuilt the City Commander's House, which was destroyed in the war, in historic forms in 2001–2003. The interior and the south side were designed in a modern way

113 The *Neue Wache* in the Platz am Opernhaus, 1909
Unter den Linden opens out like a square after the equestrian statue of Frederick the Great. Here on the north side is the *Neue Wache*, a major work of German classicism. It was built in 1816–18 by Karl Friedrich Schinkel, who made the relatively small structure look monumental by means of massive side projections and the austere Doric portico. The pediment relief shows Victoria, the goddess of victory, in the midst of an ancient battle scene.

114 The *Kronprinzenpalais* in the Platz am Zeughaus, 1911
115 Staircase in the *Kronprinzenpalais*, 1911
116 Ballroom in the *Kronprinzenpalais*, 1911
117 Oberwallstrasse and bridge, 1911
The photographs show the *Kronprinzenpalais* as it looked after exterior and interior refurbishment in 1856/57. It was built as a private house in the 17th century, then rebuilt in 1732 as a two-storey Baroque palace for Crown Prince Frederick (as king later Frederick the Great). Later Friedrich Wilhelm III lived here as crown prince and king, as did the later Kaiser Friedrich III. It was this last who commissioned the new design and extension by addition of a side wing, which started in 1856. The *Kronprinzenpalais* is linked to the *Prinzessinnenpalais* by a roofed bridge on the west side of Oberwallstrasse.

118 The *Prinzessinnenpalais* in Oberwallstrasse, 1910
119 Central building in the Prinzessinnenpalais, 1910
Two private houses had been built at the northern end of Oberwallstrasse in 1730. The two buildings were linked architecturally as early as 1733. This produced a long, narrow building with a central entrance, which had twin flights steps leading to it. Friedrich Wilhelm III had the Baroque palace extended by the addition of a building in 1810/11; the kings' three daughters lived in this after 1810, hence the name *Prinzessinnenpalais*.

120 **The Royal Opera in Opernplatz, 1916**
121 **Rear view of the Royal Opera in Opernplatz, 1916**
Frederick the Great commissioned the Opera House in 1741–43, to designs by Georg Wenzeslaus von Knobelsdorff. The interior was redesigned by Carl Gotthard Langhans in 1787/88, and rebuilt by his son after a fire in 1843/44. The extension behind the stage dates from 1869. And the high section accommodating the stage was added in 1910. Even before this, in 1904, iron fire escapes had been added for safety reasons – as the two photographs show; contemporaries found them extremely ugly.

122 **Apollo Room in the Opera House, 1916**
123 **Auditorium in the Opera House, 1916**
The Apollo Room was used for concerts and as a foyer; it was restored after the conflagration of 18 August 1843 and redesigned at the same time. The Apollo Room was outdone by the magnificence of the auditorium; both spaces had a white, gold and red colour scheme. The royal box with a shallow domed roof is in the middle of the four circles.

124 **The Catholic St Hedwig's Church in Opernplatz, 1886**
125 **Inside the St Hedwig's Church, 1886**
In 1746, Frederick the Great gave permission to the Catholics living in Berlin to built their own church. This was then built over a long period, 1747–1773, on the basis of ideas put forward by the king. He modelled it on the ancient Pantheon in Rome, the "Temple of All the Gods". The illustration shows St Hedwig's Church after alterations in 1884–87, with a copper-clad dome and high lantern. The dome is supported inside the church by twelve pairs of columns.

126 **The Royal Library in Opernplatz, 1909**
127 **Staircase in the Royal Library, 1909**
128 **Corner pavilion of the Royal Library, 1909**
Work started on building the library in 1775, to plans by Georg Christian Unger, using a façade design for the Michael Wing of the *Hofburg* in Vienna by J. E. Fischer von Erlach. The Berliners christened the new building the "commode", because of its curved façade. The exterior photographs show the central section and the left-hand corner pavilion. The interior of the building was later considerably modified to make more room for the increasing stock of books.

129 **Monument to Frederick II and Wilhelm I's Palace, 1914**
The foundation stone for the equestrian statue of Frederick the Great was laid on 1 June 1840, exactly one hundred years after his accession. The monument was solemnly unveiled on 31 May 1851, at the top of Unter den Linden. It was created by the sculptor Christian Daniel Rauch. Behind the monument is Kaiser Wilhelm I's palace; he commissioned the building, constructed in 1834–36, as Prince of Prussia, and lived in it until his death in 1888.

130 **Ballroom in Wilhelm I's Palace, 1919**
131 **Staircase in Wilhelm I's Palace, 1919**
The palace building, now called the Old Palace, had a series of sumptuous features, including the staircase and the ballroom. The latter is a rotunda with twenty Corinthian columns. The curved marble steps are also inserted into architecture based on a circle. The decoration of the state rooms goes back to a new design carried out in 1854.

132 **The Dorotheenstadt Church in Dorotheenstrasse, 1910**
133 **Tomb in the Dorotheenstadt Church, 1910**
The church is named after the Electress Dorothea. A 17th century predecessor was replaced by a new building in 1861–63. Inside the church was the wall tomb of Count Alexander von der Mark, who died in 1787 before turning nine. The tomb, made in marble by Johann Gottfried Schadow in 1788–90, is a major work of German classicism. It is now in the *Alte Nationalgalerie* on the Museum Island.

134 **Villa Kamecke in Dorotheenstrasse, 1910**
The villa was built by Andreas Schlüter in 1711/12 for E. B. von Kamecke, the Court President. It was Schlüter's last piece of work as an architect in Berlin. It is a comparatively small house with short side wings and a rhythmically curved central pavilion. The villa was later acquired by the "Royal York" Freemasons' Lodge and changed in many respects.

135 **Ballroom in the *Logenhaus* in Dorotheenstrasse, 1910**
The grand "Royal York" lodge extended the Villa Kamecke on its west side in 1880–83; the new wing is multi-storeyed, and now provided access to the Schlüter building. The photograph shows the west narrow side of the ten-metre-high ballroom.

136 **Anatomical Theatre in the Veterinary College, 1909**
137 **Inside the Anatomical Theatre, 1909**
This early neoclassical building was designed by Carl Gotthard Langhans and built in 1789/90. King Friedrich Wilhelm II had given orders that a veterinary school should be founded in Berlin, and it started teaching in 1790. The arrangement of the lecture theatre is reminiscent of the first and oldest surviving "Teatro Anatomico" in Padua, dating from 1594. The rows of benches rise steeply in the circular, domed space. The glazed aperture in the dome provided sufficient light. The solid, two-storey exterior has round-arched windows in the upper storey. The Anatomical Theatre is the oldest surviving academic building of any kind in Berlin.

138 **Mural in the Schadow House, 1900**
139 **The Schadow House in Schadowstrasse, 1900**
The sculptor Johann Gottfried Schadow had a two-storey house with studio built in Dorotheenstadt in 1804/05. One of his sons had the building altered after Schadow died in 1850. The front

part of the house had a storey added to it, and also acquired a new, neoclassical façade. A room on the first floor contains a large, tripartite fresco created in 1837.

140 The Quadriga on the Brandenburg Gate, 1906
141 The Brandenburg Gate in Pariser Platz, 1906
In 1787, King Friedrich Wilhelm II commissioned a new city gate to replace the old, simple pillared gate. The architect Carl Gotthard Langhans designed a building based on the Propylaea of the Acropolis in Athens. Building started in 1789, and the gate was opened as the "Peace Gate" on 6 August. The Quadriga on the top, representing the peace goddess driving into the city, holding the reins of the team of four horses in her left hand, was designed by Schadow and placed in position in 1793.

142 *Schloss Bellevue* in the Tiergarten, 1920
143 The Chinese Room in *Schloss Bellevue*, 1920
Prince Ferdinand of Prussia, Frederick the Great's youngest brother, had *Schloss Bellevue* built as a summer residence in the northern part of the Tiergarten. It was built in 1785/86 in a transitional style between Baroque and classicism. The Chinese Room is on the garden side. Painted bouquets of flowers and birds with colourful plumage can be seen on the wallpaper.

144 Ballroom in *Schloss Bellevue*, 1920
145 Pavilion in the park of *Schloss Bellevue*, 1920
The ballroom was arranged by Carl Gotthard Langhans in 1791 in an elliptical shape, with four Corinthian columns on each of the narrow sides. The little building designed as a round Corinthian temple was built in 1826 to a design by Schinkel.

146 Villa Borsig in Moabit, 1911
147 Ballroom in the Villa Borsig, 1911
August Borsig acquired a large site on the Spree in Moabit in 1842, and had a new iron foundry built there in 1847-49. Johann Heinrich Strack was the architect for the complex, and he also built a villa for Borsig here. It is a richly articulated building, started in 1849 and later considerably altered. August Borsig died in 1854. The factory moved to Tegel in the north of Berlin in 1898, and the Moabit complex was demolished after this.

148 Main building of *Schloss Charlottenburg*, 1912
The photograph shows the courtyard façade of the main building in this extensive complex. It was built in 1695-99 as a summer palace for the Electress Sophie Charlotte. The strikingly high domed tower was added in 1710-12. When King Friedrich I, Sophie Charlotte's consort, died in 1713 the palace was incomplete both outside and inside.

149 Staircase in the main building, 1912
When the palace was dedicated in July 1699 it still had no main staircase. This was not built until 1704, on the left by the vestibule on a square ground plan as a cantilever structure on the French model.

150 Sophie Charlotte's audience chamber, 1912
Sophie Charlotte, queen from 1701, had decided to set up her apartments on the ground floor of the palace. The photograph shows the audience chamber, which is on the garden side. Sophie Charlotte died in 1705, at the age of only 36. Friedrich I rechristened the palace Charlottenburg in memory of his wife; it was previously called *Schloss Lietzenburg*.

151 The Golden Gallery in the New Wing, 1912
Frederick the Great had the New Wing built on to the east side of *Schloss Charlottenburg* in 1740-47. The photograph shows, looking west, the 42 m long Golden Gallery on the top floor. It is considered to be one of the most imaginative spaces created by German rococo, and was completed in 1746.

152 Middle Pavilion of the orangery, 1912
An orangery was built on to the west side of *Schloss Charlottenburg* in 1709-12, intended to match one of the same design, which was never built, on the east side. The high pavilion contains a magnificently decorated salon.

DIE KÖNIGLICH PREUSSISCHE MESSBILDANSTALT

Die Aufnahmen in diesem Buch stammen von den Photographen der Königlich Preußischen Messbildanstalt, die – neben vielen anderen – auch Bauten im Berlin der Kaiserzeit bis in die frühe Weimarer Republik in mehr als 2.000 Photographien erfassten. Als Messbildaufnahmen besitzen sie einen Wert, der weit über das rein bildliche Dokumentieren des Gesehenen zu unterschiedlichen Anschauungszwecken hinausgeht: Sie können Grundlage sein für exakte Restaurierungen, Instandsetzungen und Rekonstruktionen, indem sie photogrammetrische Auswertungen und damit konkrete Planungen und verlässliche Forschungen ermöglichen. Photogrammetrie bedeutet, Größe und Form, aber auch die Lage eines Objektes aus Photographien bestimmen zu können, die mit einer Messkammer – einem Photoapparat mit Winkelmessfunktion – erzeugt wurden. Eine messtechnische, zeichnerische Auswertung kann zu einem beliebig späteren Zeitpunkt vorgenommen werden, selbst dann noch, wenn das photographierte Objekt nicht mehr existiert.

Streiflichtartig ist damit angedeutet, was sich mit dem Namen Albrecht Meydenbauer und seinem Lebenswerk verbindet: Albrecht Meydenbauer (geboren am 30. April 1834 in Tholey, gestorben am 15. November 1921 in Bad Godesberg) war Begründer der Photogrammetrie, Schöpfer des photogrammetrischen Gerätebaus und schließlich auch Gründer und erster Leiter der Königlich Preußischen Messbildanstalt.

Als junger Regierungsbauführer hatte er sich intensiv mit der Verbesserung von Aufmaßmethoden an Bauwerken beschäftigt, hin zu der Frage, ob das manuelle Messen vor Ort durch das Umkehren der Perspektive in einer Photographie ersetzt werden könne. Der Lösung dieser Fragestellung näherte er sich in den folgenden Jahren mit praktischen Übungen, zunächst konzentriert auf Architekturaufnahmen, doch auch bald in der Erkenntnis, dass das untersuchte Prinzip für jedes beliebige Objekt, so auch für Geländeaufnahmen, tauglich sein musste. Da die Photoapparate jener Zeit nicht geeignet waren, Aufnahmen zu erzeugen, die für eine zuverlässige zeichnerische Auswertung tatsächlich in Frage kamen, entwarf er ein für diese Zwecke verwendbares Gerät selbst und ließ es 1864 bei der Firma G. Braun in Berlin herstellen. Mit dieser Messkammer ließ sich die Brauchbarkeit des Messbildverfahrens bereits 1867 in einer ersten großen Versuchsreihe am Beispiel der Stadtkirche von Freyburg an der Unstrut und, für die Geländevermessung, mit der Darstellung der näheren Umgebung der Stadt beweisen.

Die Notwendigkeit für eine systematische Dokumentation des Denkmalbestandes legte Meydenbauer erstmals in einer 1861 verfassten, jedoch heute verschwundenen Denkschrift dar. In einer weiteren, 1896 erschienenen Denkschrift bemerkte er: »Die Bauwerke sind trotz ihrer für eine lange Dauer berechneten Bestimmung unter freiem Himmel der Zerstörung verfallen und jeder Tag bröckelt von der ursprünglichen Masse etwas ab. Was die Natur nicht fertig bringt, vollendet oft unheimlich schnell der Unverstand und der alles vor sich niederwerfende Verkehr.« Deshalb drängte er auf die vollständige Aufnahme aller historisch bedeutsamen Bauwerke diesseits und jenseits der Grenzen der Länder und Provinzen des Deutschen Reiches. »Es stehen uns Verluste von internationaler Bedeutung bevor«, warnte er vor dem Hintergrund aktueller Erdbebenschäden an griechischen Tempelruinen. Es sollten Dokumentationen mit einer genügenden Anzahl von Messbildaufnahmen, den dazugehörenden Grundmessungen, den zeichnerischen Auswertungen dieser Photographien und »kritisch gesichteten historischen Nachrichten« entstehen, um sie in einem zentralen Denkmäler-Archiv für die praktische Denkmalpflege, für die Lehre und Forschung zur Verfügung zu stellen. Im Aufbau eines solchen Denkmäler-Archivs sah Meydenbauer die beste Möglichkeit, den herkömmlichen, in den Maß- und Verhältnisangaben oft fehlerhaften Planungsgrundlagen, dem unzureichenden kunstgeschichtlichen Bildmaterial überhaupt, dem Umstand der an vielen Orten verstreuten und dadurch häufig nicht ausgewerteten Forschungsgrundlagen und den damit unzulänglich werdenden Forschungsergebnissen entgegenzuwirken.

Der Staat nahm sich Meydenbauers Anliegens mit der Gründung der Königlich Preußischen Messbildanstalt im April 1885 an, ernannte ihn zum Regierungs-Baurat und zum Leiter der neuen Einrichtung und erteilte ihm in dieser Funktion den Auftrag, die Photogrammetrie für die Denkmalpflege einzuführen. Damit war eine bis dahin weltweit einzigartige Institution geschaffen. Ihrer Bedeutung entsprechend fand sie im Gebäude der Bauakademie in Berlin ihren Sitz. Über die preußischen Grenzen hinaus unternahmen Meydenbauer und seine Mitarbeiter Reisen in Länder des Deutschen Reiches, nach Frankreich, Belgien, Griechenland und Kleinasien, um dort Kulturdenkmale im bewährten Verfahren aufzunehmen. Bis zum Ende der Königlich Preußischen Messbildanstalt 1921 entstanden so insgesamt 19.995 Messbildaufnahmen.

In den wirtschaftlichen Notjahren nach dem Ersten Weltkrieg ließ sich die Messbildanstalt nicht mehr in der gewohnten Weise fortführen. Mit ihrer Umwandlung in die Staatliche Bildstelle Berlin 1921 war das wertvolle Archiv zwar gerettet, jedoch veränderte sich die ursprüngliche Aufgabenstellung und damit auch das Aufnahme-Repertoire: Nicht allein Architektur, sondern auch Werke der Plastik, Malerei, des Kunstgewerbes sowie Zeichnungen wurden nun photographisch dokumentiert – für Kunstwissenschaftler aller Bereiche und eine allgemeine, durchaus fachfremde Kundschaft. Im Sinne dieser Neuorientierung führte der eigens hierfür gegründete Deutsche Kunstverlag die Geschäfte der Bildstelle.

Sie bestand bis zum Ende des Zweiten Weltkriegs. Bereits 1933 aus der Bauakademie in den ehemaligen Marstall verzogen, wurden die wertvollen Glasnegative in den letzten Kriegsjahren in einen Kalischacht bei Bernburg in Sicherheit gebracht. 1945 von sowjetischen Truppen beschlagnahmt, gelangten sie nach Moskau, von wo der größte Teil des Bestandes im Jahr 1958 nach Berlin zurückkam. Bis heute ungeklärt ist die Frage nach dem Verbleib der Findmittel, Verzeichnisse, Akten und technischen Ausstattung, die ebenfalls rechtzeitig ausgelagert worden waren.

Die Sammlung wurde 1960 im ehemaligen Geschäftshaus Gormannstraße 22 in Berlin neu eingerichtet, nachdem die Kunstgeschichtliche Bildstelle beim Institut für Kunstgeschichte der Humboldt-Universität Berlin mit der Verwaltung und Erschließung der zurückerhaltenen Negative und Diapositive betraut worden war. Das Institut für Denkmalpflege der DDR übernahm die bedeutende Sammlung im Jahr 1968.

1991 konnte das neu gegründete Brandenburgische Landesamt für Denkmalpflege für die Verwaltung des Messbildarchivs gewonnen werden. Zur Erhaltung und Sicherung seiner wertvollen Bestände stellte und stellt das Land Brandenburg mit Unterstützung des Bundes beträchtliche finanzielle Mittel zur Verfügung.

Die ca. 100.000 historischen Aufnahmen des Messbildarchivs von bestehenden und von inzwischen zerstörten Bau- und Kunstdenkmalen werden auch heute gerade von Kunsthistorikern, Architekten und Restauratoren für Forschungen und für die Vorbereitung praktischer Maßnahmen der Denkmalpflege überaus geschätzt.

Astrid Mikoleietz,
Brandenburgisches Landesamt für Denkmalpflege
und Archäologisches Landesmuseum

Albrecht Meydenbauer im Alter von 75 Jahren, hier photographiert anlässlich seiner Verabschiedung aus dem Staatsdienst im Jahre 1909

Albrecht Meydenbauer at the age of 75, photographed here on his retirement from state service in 1909

Zwei um 1890 gebaute Messkameras für die Bildformate 30 x 30 cm (links) und 20 x 20 cm (rechts)

Two photogrammetric cameras made in about 1890 for picture formats of 30 x 30 cm (left) and 20 x 20 cm (right)

THE ROYAL PRUSSIAN PHOTOGRAMMETRIC INSTITUTE

The pictures in this book were taken by photographers of the Royal Prussian Photogrammetric Institute (Königlich Preußische Messbildanstalt), who – besides many other buildings – took over 2000 photographs of buildings in Imperial Berlin up to the early years of the Weimar Republic. The pictures were taken photogrammetrically, and therefore are of a value, which goes far beyond providing a purely general-purpose pictorial record of what could be seen: they can form the basis for exact restoration, refurbishment and reconstruction, as they can be used for photogrammetric evaluation, and thus concrete planning and reliable research. Photogrammetry means being able to determine the size and shape, but also the position of an object from photographs. The images are created with a survey camera – a photographic device that can measure angular position. A metrological, graphical evaluation can be made at a later moment of choice, even if the object photographed no longer exists.

This gives a glimpse of what is associated with Albrecht Meydenbauer and his life's work: Albrecht Meydenbauer (born on 30 April 1834 in Tholey, died on 15 November 1921 in Bad Godesberg) was the founder of photogrammetry. He set up a photogrammetric instrument-making programme, and was also the founder and first director of the Royal Prussian Photogrammetric Institute.

As a young government clerk of building works he was preoccupied with the improvement of building survey methods, arriving at the question of whether manual measurement on the spot could be replaced by reversing the perspective in a photograph. He moved towards answering this question in subsequent years by conducting practical exercises, first concentrating on architectural photographs, but soon realizing that the principle he was examining had to be valid for any subject, including topographical surveys.

As existing cameras were not suitable for taking photographs that could actually be considered for reliable graphical evaluation, he designed an apparatus that could be used for this purpose himself and had it made by G. Braun in Berlin in 1864. This survey camera proved the usefulness of the photogrammetric process as early as 1867 in a first major series of experiments on the municipal church in Freyburg an der Unstrut, and for ground surveys of immediate urban vicinity.

Meydenbauer first described the necessity for systematic ancient monument documentation in an 1861 memorandum, which has now disappeared. He remarked in another memorandum, published in 1896: "Despite the fact that they are intended to last, buildings are subject to damage in the open air, and every day something crumbles away from the original mass. What nature cannot achieve herself is often completed remarkably quickly by ignorance and traffic, which brings down all before it." For this reason he insisted that all historically significant structures within and without the borders of the German Imperial territories should be thoroughly recorded. "We are facing losses of international significance", he warned, against the background of contemporary earthquake damage to Greek temple ruins. Documentation was to be produced including an appropriate number of photogrammetric images, corresponding ground surveys, graphical evaluations of these images, and also "critically reviewed historical photo information". They were to be kept in a central monument archive, and available for teaching and research. Meydenbauer saw setting up a monument archive of this kind as the best way to combat planning material that often relied on inaccurate measurement and proportion data, generally inadequate art historical photo material, and the fact that research material was often scattered around various locations resulting in research material not being evaluated, and hence inadequate research results.

The state responded to Meydenbauer's concerns by founding the Royal Prussian Photogrammetric Institute in April 1885 and making him government architect and director of the new institution. In this capacity, he was charged with introducing photogrammetry for monument preservation. This created a unique establishment that achieved and has retained a world-wide reputation. Commensurately with its importance, it was based in the *Bauakademie* in Berlin. Beyond the borders of Prussia, Meydenbauer and his assistants travelled within the German Empire, to France, Belgium, Greece and Asia Minor, to take photographs of cultural monuments using the new process, which had now proved its worth. 19.995 photogrammetric documents were produced in this way until the Royal Prussian Photogrammetric Institute closed in 1921.

In the years of economic crisis after the First World War the Photogrammetric Institute was not run in the way it had been previously. When it was changed to be the Berlin State Photographic Record (Staatliche Bildstelle Berlin) in 1921, the valuable archive was saved but the original brief was changed, so the repertoire of photographs changed with it: architecture was still covered, but photographic records were now also made of sculpture, painting, applied art and drawings – to serve art historians in all fields, and a general clientele with no particular expertise. To implement this new direction, the *Deutscher Kunstverlag* (German Art Press) was founded especially, and ran the institution's business.

The Berlin State Photographic Record remained in existence until the end of the Second World War. It had already moved out of the *Bauakademie* into the former *Marstall* (Royal Stable) in 1933, and the valuable glass negatives were stored for safety in a potash mine near Bernburg in the final years of the war. They were seized by Soviet troops in 1945 and taken to Moscow, and the majority of the collection was returned to Berlin from here in 1958. It is still not known what happened to the search materials, indexes, files and technical equipment, which had also been moved out in good time.

The collection was rehoused in 1960 in a former office building at 22 Gormannstrasse in Berlin, after the administration and investigation of the returned negatives and slides had been entrusted to the Art History Department of the Humboldt University's Art History Institute. The GDR Monument Preservation Institute took the important collection over in 1968.

In 1991, the newly established Brandenburg State Monument Preservation Office (Brandenburgisches Landesamt für Denkmalpflege) was persuaded to take over administration of the photogrammetric archive. With the support of the Federal Republic of Germany Brandenburg made and continues to make considerable financial resources available to maintain and secure the collection's valuable resources.

The photogrammetric archive contains about 100.000 historical photographs of architectural and artistic historical monuments; some of the buildings still exist, some have been destroyed. The collection is still greatly valued, particularly by art historians, architects and restorers for research purposes, and for preparing practical monument preservation measures.

Astrid Mikoleietz,
Brandenburgisches Landesamt für Denkmalpflege
und Archäologisches Landesmuseum

Umschlagbild: Der Französische Dom auf dem Gendarmenmarkt
Cover photograph: The French Cathedral in Gendarmenmarkt

© 2004 Nicolaische Verlagsbuchhandlung GmbH, Berlin
Alle Rechte vorbehalten

Photographien: © Brandenburgisches Landesamt für
Denkmalpflege und Archäologisches Landesmuseum

Redaktion: Bettina Hüllen, Berlin
Gestaltung: Jonas Maron, Berlin
Übersetzung: Michael Robinson, London
Umschlaggestaltung: Dorén + Köster, Berlin
Satz und Repro: Mega-Satz-Service, Berlin
Druck und Bindung: Passavia Druckservice, Passau

Printed in Germany
ISBN 3-89479-164-0